Palabras de servicio

Uno de nuestros objetivos en Zondervan Bibles es crear Biblias con la máxima excelencia y confiabilidad posibles. Peachtree es un estimado socio en esta labor. Por su elevado nivel de atención a los detalles y su compromiso con la excelencia, valoramos su colaboración en la creación de Biblias que podamos presentar con agrado a nuestros lectores.

—Melinda Bouma
Vicepresidenta y editora
Zondervan Bibles

Por más de un cuarto de siglo, Peachtree ha sido un socio valioso y confiable que nos ha ayudado a producir Biblias con la máxima exactitud posible. El meticuloso abordaje del proceso de revisión, de la mano con una útil asesoría editorial han hecho de Peachtree una parte fundamental de nuestro proceso de desarrollo de nuevo material.

—Bob Groser
Cambridge Bibles

He trabajado con Peachtree Publishing Services durante veinticinco años. Siempre han sido capaces de ajustarse a mis cronogramas y realizar una revisión extremadamente precisa de la Biblia en varias traducciones diferentes. ¡Simplemente son los mejores en su campo!

—Lloyd Mullins
Jefe de Edición
LifeWay / Holman Bible and Reference

En 2K/Denmark producimos cerca de 100 Biblias anualmente, y nuestra ambición es que cada Biblia sea la mejor que hayamos hecho. Peachtree comparte nuestra ambición por la calidad y cuenta con el respaldo de una experiencia excepcional en la industria. Definitivamente es la mejor compañía de revisión de la Biblia con que hemos trabajado.

—Sune Anderson
Directora de Operaciones
2K/DENMARK

Peachtree es el Babe Ruth de la revisión de la Biblia. Durante mis años como editor asociado y editor de adquisición en HarperCollins Christian Publishing, nos apoyamos en sus extraordinarios servicios de revisión. Altamente recomendado.

—Bob DeMoss
Autor de best sellers del New York Times

Sabemos cuán importante es producir Biblias correctamente, y es por eso que confiamos en la experiencia y la pasión de Peachtree para la revisión de nuestras Biblias.

—**Paul Muckley**
Barbour Bibles

Peachtree es nuestro socio de confianza para la revisión de todas nuestras Biblias. Su servicio de revisión de Biblias no tiene comparación, por su minucioso examen de la exactitud editorial y su énfasis en la consistencia de estilo. Jamás pensaríamos en enviar una Biblia a la imprenta sin que Peachtree haya revisado antes cada uno de sus libros.

—**Carlton Garborg**
Presidente
Broadstreet Publishing

Durante muchos años hemos confiado la revisión de nuestras Biblias a Peachtree Publishing Services. El personal de revisión de Peachtree realiza consistentemente un trabajo extraordinario. Hacen una revisión minuciosa de acuerdo con una larga lista de tareas detalladas para cada libro de la Biblia. Cumplen con los plazos establecidos y se ajustan amablemente a los cambios de cronograma. Responden bien a la retroalimentación y hacen buenas preguntas tanto al inicio como durante el proceso. Hacen que mi equipo se sienta seguro sabiendo que ellos van a encontrar errores que no se hayan detectado en etapas anteriores. Hemos trabajado con Peachtree para la revisión de nuestras Biblias más importantes en una variedad de traducciones y hemos comprobado que su personal es cuidadoso, comunicativo y flexible. Es un placer trabajar con ellos. Es un honor y una alegría ser colaboradores junto con ellos en el ministerio del evangelio.

—**Sarah Johnson**
Líder del equipo editor / Biblias y Alianzas
Tyndale House Publishers

Peachtree es un estimado socio en el proceso de publicación. Peachtree es responsable, confiable y provee servicios editoriales y de revisión para todas nuestras necesidades.

—**Joshua D. Green**
Editor asociado
LifeWay / Holman Bible and Reference

Durante los más de cuarenta años que trabajé en la industria de publicación de Biblias, aprendí y dependí ampliamente de la experiencia del personal de Peachtree Publishing Services. No sólo fueron socios profesionales que hicieron mi trabajo más fácil y contribuyeron al éxito de los productos que publicamos, ¡también fueron mis amigos!

—**Doris Rikkers**
Ex-Vicepresidenta/Editora
Zondervan Bibles and World Publishing

Peachtree supera nuestras expectativas una y otra vez con su enfoque, ejecución, servicio de primera calidad y cumplimiento oportuno de los plazos de entrega. No son sólo un proveedor, ¡sino verdaderos compañeros de ministerio!

—**Matthew Elliott, PhD**
Presidente, Oasis International
Editor, Africa Study Bible

Peachtree ha revisado las Biblias tipografiadas por Livingstone durante más de veinticinco años. Su compromiso con la excelencia nos da plena confianza al trabajar con la Palabra de Dios.

—**Ashley Taylor**
The Livingstone Corporation

Hemos trabajado con Peachtree Publishing Services en una variedad de proyectos y cada vez los resultados han sido extraordinarios. Su experiencia, conocimiento y atención a los detalles son extremadamente valiosos en cada paso del proceso de publicación. Ellos se toman el tiempo de explorar y entender nuestras expectativas para cada proyecto con el fin de entregar exactamente lo que necesitamos con los mejores resultados posibles. ¡Esperamos llevar a cabo muchos proyectos más en conjunto con ellos en el futuro!

—**Pike Lambeth**
Vicepresidente ejecutivo
The Lockman Foundation

¡El equipo de 316 está sumamente agradecido por el diligente trabajo del equipo de Peachtree! ¡Su minuciosidad y comunicación oportuna permitieron que la primera edición de la Legacy Standard Bible cruzara a tiempo la línea de meta!

El trillado adagio resulta apropiado aquí: "¡No podríamos haberlo hecho sin ustedes!" ¡Esperamos continuar nuestra relación de negocios para realizar muchos proyectos más juntos!

—**Chris Scotti**
Vicepresidente senior y editor ejecutivo
Three Sixteen Publishing

Hemos estado publicando libros durante muchas décadas y, sin embargo, cuando decidimos publicar Biblias, sentimos que teníamos que volver a aprender todo desde el inicio. Eventualmente tomamos la decisión de trabajar con verdaderos expertos y contratamos a Peachtree para que se hiciera cargo. Fue una gran decisión que ha dado fruto de muchas maneras.

—**Michael G. Maudlin**
Vicepresidente senior y editor ejecutivo
HarperOne

He tenido relación con Peachtree Publishing Services durante muchos años. En cada proyecto brindan un notorio sentido de profesionalismo, valor y, lo más importante, precisión y puntualidad. Este equipo es simplemente el mejor en su campo.

—**Wayne Hastings**
Consultor y editor
The Wayne Hastings Company

Peachtree Publishing Services continúa apoyando nuestro trabajo editorial con el más alto nivel de destreza. PPS ha demostrado ser confiable en cada proyecto realizado y me enorgullece contar con su contribución a nuestra labor editorial.

—**Philip Nation**
Vicepresidente/Editor
Thomas Nelson Bibles

Los servicios de revisión de la Biblia que brinda Peachtree son excelentes. Su equipo es profesional, cortés, responsable y siempre cumple con los plazos establecidos.

—**Jeana Ledbetter**
Editora asociada
Hachette Book Group

Como editor, publicar un libro correctamente para un autor es bastante estresante. Pero, ¿cuánto más cuando el autor es Dios? Es ahí donde confío en Peachtree para asegurar que el resultado sea correcto, preciso y libre de errores. Gracias a que cuento con Peachtree como colaborador en la publicación de Biblias, no me desvelo en las noches.

Lo que me encanta de Peachtree es que cuando reciben uno de nuestros proyectos, lo asumen como si fuera su propio proyecto y le dan la misma importancia que nosotros le damos. No nos sentimos como clientes, sino como compañeros.

Peachtree ha sido mi socio de confianza para todo lo relacionado con la publicación de Biblias durante más de dos décadas. No sólo son expertos en el campo de la revisión de la Biblia, brindando excelencia y puntualidad, sino que además tienen una gran pasión por la Palabra de Dios, lo cual es algo que no se puede comprar.

—**Jason Rovenstine**
Vicepresidente de Desarrollo de Nuevos Negocios
DaySpring

Peachtree ha revisado varios de nuestros proyectos de publicación de Biblias con gran rapidez y cuidadosa atención a los detalles. ¡Estamos muy agradecidos por tenerlos como colaboradores!

—**Alyssa Roten**
Diseñadora de arte técnico
Life Publishers

Tyndale ha confiado en Peachtree y en su servicio de revisión de la Biblia en inglés durante décadas, y recientemente empezamos a usar sus servicios también para la revisión de Biblias en español. Peachtree ha sido proactivo para aprender los distintos matices de las traducciones que publicamos, y estamos plenamente complacidos con su atención a los detalles y su espíritu de cooperación.

—**Servicios Editoriales en Español**
Tyndale House Publishers

En mis inicios como editora de Biblias, este equipo fue fundamental para ayudarme a aprender el proceso de producción de Biblias. Sus notas y comentarios en mis proyectos fueron una enseñanza en sí mismos. Ahora, como editora con más experiencia, descubro que sigo aprendiendo de este equipo. El efecto directo de trabajar con los equipos de revisión y edición de Peachtree es que me ayudaron a producir algunos proyectos de los cuales me siento muy orgullosa. El resultado indirecto es que me ayudaron a convertirme en una mejor editora.

—**Jill M. Smith**
Escritora, ghostwriter, editora
Ex-editora en jefe, Thomas Nelson Bibles

Participar por primera vez en el proceso de edición de una Biblia ha sido absolutamente revelador para mí y para el resto del equipo. El trabajo que hace Peachtree es simplemente asombroso y más valioso de lo que las palabras pueden expresar.

—**Nick Guiliano**
Hosanna Revival

GUARDIANES DE LA BIBLIA

IMPRIMIENDO LA PALABRA DE DIOS A LA PERFECCIÓN

PeachTree
PUBLISHING SERVICES

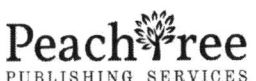

Guardianes de la Biblia: Imprimiendo la Palabra de Dios a la Perfección

Copyright © 2021, Peachtree Publishing Services, LLC
www.PeachtreePublishingServices.com

El capítulo 3 apareció por primera vez, en su versión original en inglés, en 2K Stories, Otoño de 2021.

Todos los derechos reservados. Ninguna parte de esta publicación puede ser reproducida, distribuida o transmitida de cualquier forma o por cualquier medio, incluyendo fotocopias, grabaciones u otros métodos electrónicos o mecánicos, sin el permiso previo por escrito del editor, excepto en el caso de citas breves incluidas en reseñas o críticas y otros usos no comerciales permitidos por la Ley de Derechos de Autor. Para solicitudes de permisos, contacte al editor a la dirección de correo electrónico que se indica abajo, con el asunto "Atención: Coordinador de permisos".

Los textos bíblicos identificados como NVI han sido tomados de La Santa Biblia, Nueva Versión Internacional® NVI® © 1999, 2015 por Biblica, Inc.®, Inc.® Usado con permiso de Biblica, Inc.® Todos los derechos reservados en todo el mundo.

Los pasajes bíblicos identificados como RVR1960 han sido tomados de La Santa Biblia, Versión Reina-Valera 1960 ® © Sociedades Bíblicas en América Latina, 1960. Renovado © Sociedades Bíblicas Unidas, 1988. Usado con permiso.

Los textos bíblicos identificados como RVA-2015 han sido tomados de La Santa Biblia, Versión Reina Valera Actualizada, Copyright © 2015, Editorial Mundo Hispano.

Los pasajes bíblicos identificados como NTV han sido tomados de La Santa Biblia, Nueva Traducción Viviente, © Tyndale House Foundation, 2010. Todos los derechos reservados.

Agradecimiento editorial a Len Woods y Jill Smith.

Contacto: Espanol@PeachtreeEditorial.com

Tabla de Contenidos

Introducción   11
El impacto eterno de la revisión de la Biblia

Capítulo 1   15
¿Hay un error tipográfico en su Biblia?

Capítulo 2   23
Cómo evitar un costoso desastre en la publicación de Biblias

Capítulo 3   31
Cómo publicar una Biblia correctamente

Capítulo 4   39
¿Por qué sigue siendo necesaria la revisión de las Biblias?

Capítulo 5   45
Distinciones en las traducciones de la Biblia

Capítulo 6   51
Cinco errores comunes que encontramos al revisar una Biblia

Capítulo 7   61
Digital y humano: El enfoque híbrido de la revisión de la Biblia

Capítulo 8   71
El final de la línea: Consideraciones acerca de la división de palabras y los callejones

Capítulo 9   79
Muchos lo llamarán señor... Señor... Señor

Capítulo 10   85
Nueve errores comunes que encontramos en proyectos de Biblias especializadas

Capítulo 11   95
Por qué usted necesita un especialista

Capítulo 12   101
El tipo de publicidad que usted no quiere recibir

Acerca de Peachtree   110

En honor de
Mildred, Doug, y June:

Su pasión por la perfección
continúa inspirándonos.

INTRODUCCIÓN

El impacto eterno de la revisión de la Biblia

"Gracias por revisar mi Biblia".

Imagine cuál fue nuestra sorpresa al recibir unas inesperadas palabras de gratitud de parte de un hombre llamado Arlyn. Él descubrió que entre los variados servicios que ofrecemos, Peachtree revisa Biblias para muchas de las principales casas de publicación de la Biblia en el mundo. Enseguida, Arlyn procedió a hacer algo que pocas personas hacen. Nos contactó y envió un mensaje de sincera gratitud. Esto es lo que dijo:

"He tenido mi Biblia desde hace veinte años y la leo todos los días. Hasta hace poco, nunca se me había ocurrido que alguien leyó estas páginas antes que yo para asegurarse de que mi Biblia estuviera libre de errores. A lo largo de los años, he encontrado muchas verdades en sus páginas. He hallado el amor de Dios hacia mí. He encontrado seguridad. Encontré fe. Lo único que nunca he encontrado es un error tipográfico".

¿Quiere adivinar cuánto ánimo dio a nuestro equipo este mensaje tan breve y sencillo?

Nuestro personal dedicado a la revisión de la Biblia se esfuerza cada día para asegurar que cada Biblia en la que trabajamos esté libre de errores. Comparado con un desastre global, un error tipográfico parece intrascendente, ¿no es cierto? Pero ese no es el caso.

"A lo largo de los años, he encontrado muchas verdades en sus páginas. He hallado el amor de Dios hacia mí. He encontrado seguridad. Encontré fe. Lo único que nunca he encontrado es un error tipográfico".

¿Recuerda con cuánta frecuencia Jesús enfatizaba la importancia de las cosas pequeñas: los niños, la escasa ofrenda de una mujer pobre, la fe del tamaño de una diminuta semilla de mostaza? Su punto parecía ser que, en la mayoría de los casos, las cosas más pequeñas y aquellas que más pasamos por alto son las que Dios usa de manera más poderosa.

Tomemos, por ejemplo, el caso de una persona cristiana que trabaja en un restaurante al lado de la carretera. Sólo gana el salario mínimo; entonces ¿por qué está tan contenta? Porque sabe que no se limita a preparar emparedados. Está haciendo posible que un padre se reúna con su hija universitaria para un almuerzo rápido y una conversación importante. Está ayudando a una agotada madre soltera a dar de comer a sus dos hijos en una ajetreada noche de escuela.

De la misma manera, el personal de Peachtree sabe que está haciendo mucho más que marcar errores con un lapicero rojo. Están detectando y eliminando distracciones que pueden evitarse, para que los lectores de la Biblia logren encontrarse con el Dios Todopoderoso. Y esa es una misión grande e importante.

El amable mensaje que recibimos de Arlyn nos confirmó que nuestro trabajo es importante. Detectar errores marca una diferencia eterna. Gracias a que revisamos cuidadosamente su

Biblia, Arlyn ha podido encontrarse con Dios todos los días durante veinte años. Ni una sola vez encontró un error que secuestrara sus pensamientos o socavara su capacidad para confiar en lo que estaba impreso en la página.

[Estamos] detectando y eliminando distracciones que pueden evitarse, para que los lectores de la Biblia logren encontrarse con el Dios Todopoderoso. Y esa es una misión grande e importante.

Considere lo siguiente: Sólo en los Estados Unidos de América se venden y distribuyen más de veinte millones de Biblias cada año. Cada uno de esos ejemplares de la Palabra de Dios termina en algún lugar: en una habitación o un dormitorio universitario, en un cuarto de hotel o en una celda de una prisión. Sólo Dios sabe cuántas vidas, cuántas personas como Arlyn, serán tocadas por alguno de esos ejemplares y versiones de las Sagradas Escrituras.

La Biblia debe imprimirse sin errores tipográficos que distraigan a los lectores del mensaje de Dios.

1

¿Hay un error tipográfico en su Biblia?

"Falta un versículo".

Pocas palabras generan más temor en el corazón de un editor de la Biblia que las anteriores. Primero, está la razón teológica: ¿No merece la Palabra de Dios ser impresa a la perfección? En segundo lugar, está la razón personal: ¿Cómo se me pasó este error? Y tercero, la razón comercial: ¿Qué haremos con miles de Biblias ya impresas que contienen un error tipográfico evidente y distractor?

Razones de peso como estas motivan a nuestro equipo de revisión bíblica a localizar errores, palabras omitidas y versículos faltantes en cada Biblia en la que trabajamos. Si bien las mejores y más grandes editoriales bíblicas del mundo producen decenas de Biblias al año, vemos con frecuencia que incluso el personal más experimentado comete pequeños errores que pueden resultar costosos si no se descubren a tiempo.

En la actualidad las bases de datos y los tipógrafos son muy buenos, pero todavía existe margen para errores. Como empresa dedicada a la revisión de Biblias, podemos asegurarle que todos los días hallamos errores tipográficos en las páginas de las Biblias antes de que sean enviadas a la imprenta.

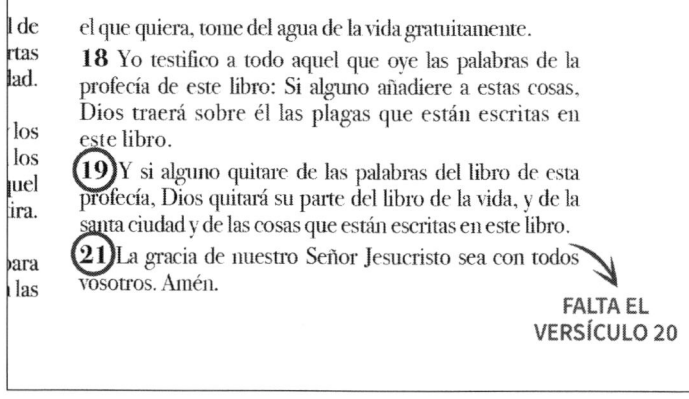

La revisión de la Biblia debería asegurar que cada versículo está presente.

¿No merece la Palabra de Dios ser impresa a la perfección?

La importancia de la revisión de la Biblia

El sabio rey Salomón escribió la famosa frase: "El que mucho habla, mucho yerra" (Proverbios 10:19 NVI). Se refería a la palabra hablada, dando a entender que cuanto más hablamos, más probable es que digamos algo incorrecto.

Pero esto es lo que todo editor y todo corrector sabe: la aguda observación de Salomón también se aplica a la palabra escrita.

Considere lo siguiente: si existe la posibilidad de que una palabra corta tenga un error tipográfico, ¿cuántos errores pueden aparecer al revisar los 1189 capítulos, 31 012 versículos y más de 785 000 palabras de un nuevo proyecto bíblico?

Todos los días hallamos errores tipográficos en las páginas de las Biblias antes de que sean enviadas a la imprenta.

Añada a ese nuevo proyecto miles de notas de estudio y decenas de otros recursos explicativos, y cada nueva Biblia de estudio o devocional se convierte en la tormenta perfecta para los deslices. Cinco errores ortográficos aquí, siete errores tipográficos allá. Palabras omitidas. Palabras de más. Signos de puntuación incorrectos o faltantes. Los errores potenciales son ilimitados.

Y esto es un asunto muy serio. ¿Por qué? Porque cada error tiene el potencial de distraer a los lectores del mensaje de Dios. En lugar de encontrarse con Dios, su mente se concentra en el error. Verdaderamente, llevar a cabo un proyecto bíblico a la perfección es un deber espiritual elevado y santo. A continuación le presentamos las tres razones por las que toda editorial bíblica necesita urgentemente invertir en una revisión de la Biblia de calidad.

1. Los errores son inevitables.

Las personas —incluso las más "perfeccionistas"— distan de ser perfectas. Esto no es una opinión; es un hecho. La mente puede concentrarse intensamente sólo durante cierto tiempo antes de comenzar a divagar. Y cuando los ojos empiezan a cansarse, no pueden notar todas las inexactitudes. Aquí es cuando ocurren los descuidos. Y es entonces cuando unos segundos de *descuido* pueden arruinar meses y meses de *cuidadoso trabajo*.

Cada error tiene el potencial de distraer a los lectores del mensaje de Dios.

Más aun, dado que los seres humanos somos propensos a cometer errores, los sistemas y el software que diseñamos para detectarlos tampoco son infalibles. Por desgracia, nuestras creaciones reflejan nuestra imagen. Sin duda, los programas de corrección ortográfica y gramatical siguen mejorando continuamente. No obstante, vivimos en un mundo en el que las fallas (mentales, mecánicas y digitales) son cosa de todos los días.

¿El ejemplo más infame de la historia? Probablemente sea un proyecto de publicación de la Biblia en 1631. Robert Barker y Martin Lucas decidieron imprimir y vender mil copias del Libro Sagrado. Pero debido a un error tipográfico (algunos sospechan que hubo sabotaje por

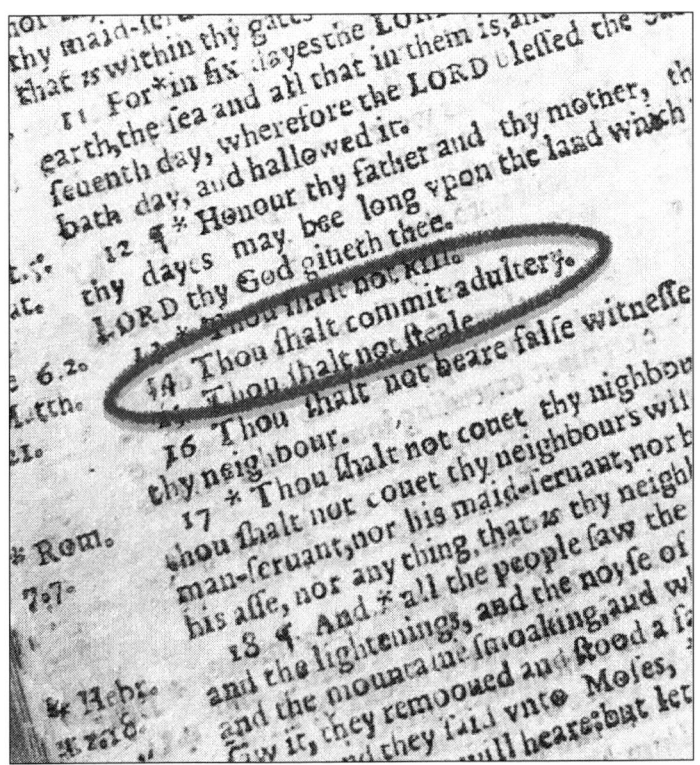

La Biblia Perversa. Fuente: commons.wikimedia.org.

parte de una imprenta rival), Barker y Lucas terminaron produciendo la famosa Biblia Perversa. ¡Imagine cuán horrorizados quedaron estos hombres cuando se dieron cuenta de que su nueva y elegante Biblia ordenaba: "Cometerás adulterio" (Éxodo 20:14)!

2. Los errores cuestan caro.

La omisión de la palabra "no" en el sétimo de los Diez Mandamientos les costó muy caro a Barker y Lucas. Todos excepto unos pocos ejemplares de su Biblia "Perversa" fueron quemados. Los hombres acabaron en los tribunales, multados por el rey Carlos I, y fueron obligados a entregar sus licencias de impresión. El pobre Barker (literalmente pobre) finalmente murió en una prisión para deudores.

Hoy no tenemos que vivir con el temor de ser enviados a una cárcel para deudores por cometer un error así. No obstante, un error editorial grave puede tener consecuencias desastrosas: pérdida de respeto, de tiempo, de ingresos y, potencialmente, de empleos. Y si el error es lo suficientemente grave, podría significar tener que retirar un tiraje completo de los estantes de las tiendas.

> *No obstante, un error editorial grave puede tener consecuencias desastrosas.*

¿Y lo peor de todo? Los lectores que abren su Biblia para escuchar la voz de Dios se distraen. Pierden un mensaje divino por culpa de un error humano.

Las Biblias son demasiado importantes como para imprimirlas con errores ocasionados por la falta de cuidado.

3. Los errores se pueden detectar.

De acuerdo, los errores son inevitables. Y algunos de ellos pueden resultar muy costosos. Pero la tercera realidad es un hecho alentador:

> *Las Biblias son demasiado importantes como para imprimirlas con errores ocasionados por la falta de cuidado.*

Los errores se pueden detectar. Más aún, se pueden corregir en las etapas iniciales de la producción de una Biblia, antes de que causen mucho daño.

Cada proyecto de publicación de la Biblia involucra revisar al menos 300 000 detalles diferentes.

2

Cómo evitar un costoso desastre en la publicación de Biblias

Los errores dolorosos generalmente se pueden evitar.

¿Las manzanas, la canela y el queso parmesano van bien juntos? Bueno, eso es un asunto de gusto personal. Pero lo más probable es que usted no espera ver esa combinación de sabores en su Biblia.

Es un hecho de la vida y los negocios. El equipo se avería. El software se vuelve defectuoso. Los empleados se distraen, se cansan o se descuidan. Si una empresa no cuenta con sistemas de control de calidad confiables, podría ir directo al peor de los escenarios: un costoso problema.

Desafortunadamente, la publicación de Biblias no está exenta de esas sombrías realidades. A lo largo de los años, hemos escuchado todo tipo de historias terribles acerca de errores costosos que no fueron detectados antes de enviar un nuevo proyecto bíblico a la imprenta. Eche un vistazo a estas pesadillas de la vida real que han ocurrido en la publicación de algunas Biblias. (Nota: Nos hemos reservado los nombres de los editores y hemos dejado pasar años para no causar bochornos).

Lorem Ipsum 15:1

Sabemos de una Biblia que tenía este texto en latín impreso en la última página del libro de Oseas. Una tecla de función rápida pulsada inadvertidamente pegó ese texto justo antes de que la Biblia fuera enviada a la imprenta. Diez mil ejemplares tuvieron que ser retirados. No se necesita una calculadora para saber el resultado final: no hubo ministerio, pero sí un gasto inmenso.

Oseas 14

2 Llevad con vosotros palabras de súplica, y volved a Jehová, y decidle: Quita toda iniquidad, y acepta el bien, y te ofreceremos la ofrenda de nuestros labios.

3 No nos librará el asirio; no montaremos en caballos, ni nunca más diremos a la obra de nuestras manos: Dioses nuestros; porque en ti el huérfano alcanzará misericordia.

4 Yo sanaré su rebelión, los amaré de pura gracia; porque mi ira se apartó de ellos.

5 Yo seré a Israel como rocío; él florecerá como lirio, y extenderá sus raíces como el Líbano.

6 Se extenderán sus ramas, y será su gloria como la del olivo, y perfumará como el Líbano.

9 ¿Quién es sabio para que entienda esto, y prudente para que lo sepa? Porque los caminos de Jehová son rectos, y los justos andarán por ellos; mas los rebeldes caerán en ellos.

Lorem ipsum dolor sit amet, consectetuer adipiscing elit, sed diam nonummy nibh euismod tincidunt ut laoreet dolore magna aliquam erat volutpat. Ut wisi enim ad minim veniam, quis nostrud exerci tation ullamcorper suscipit lobortis nisl ut aliquip ex ea commodo consequat. Duis autem vel eum iriure dolor in hendrerit in vulputate velit esse molestie consequat, vel illum dolore eu feugiat nulla facilisis at vero eros et accumsan et iusto odio dignissim qui blandit praesent luptatum zzril delenit augue duis dolore te feugait nulla facilisi vero eros et accumsan et iusto odio dignissis.

Un texto insertado por accidente en una Biblia impresa puede ser un error muy costoso.

Despedido un mes demasiado tarde

Luego está el caso de un empleado descontento que iba a ser despedido por su casa editorial. Como acto de despedida, el hombre borró intencionalmente un versículo del libro de Apocalipsis. Nadie se dio cuenta antes de que la Biblia fuera enviada a la imprenta.

¡Sabíamos que habíamos olvidado algo!

Y qué tal el caso de una pequeña casa editorial que apostó todo su futuro a un nuevo y ambicioso proyecto bíblico: una traducción completamente nueva. La traducción vino con un alto precio y un defecto monumental. El hermoso diseño de la página no incluía encabezados. Sin esos encabezados de resumen en la parte superior de cada página era imposible usar la Biblia, especialmente para los nuevos creyentes y los pre-creyentes. Este costoso proyecto nunca recibió el impulso que da la recomendación de boca en boca. Como resultado, es una traducción de la que usted probablemente nunca ha oído hablar.

"Ustedes revisan Biblias, ¿verdad?"

Esas fueron las palabras que uno de los miembros de nuestro equipo escuchó cuando alguien se le acercó a la salida de la iglesia. La persona le mostró su Biblia y le dijo: "¡Vea lo que encontré en mi Biblia!". Abrió el Evangelio de Lucas y le mostró una página con un uso inconsistente de fuentes. A nosotros no nos habían pedido revisar esa Biblia, pero de todos modos sentimos tristeza por el lector. Había abierto la Palabra de Dios esa mañana con la esperanza de hallar conocimiento espiritual. En cambio, se topó con un desastre que lo distrajo y desvió su atención por completo del mensaje.

Había abierto la Palabra de Dios esa mañana con la esperanza de hallar conocimiento espiritual. En cambio, se topó con un desastre que lo distrajo y desvió su atención por completo del mensaje.

¿Un gato en el teclado?

Nunca preguntamos cuál fue la causa de este error, pero observe la siguiente imagen de una Biblia que nos llegó para revisión. Si bien trabajar desde casa tiene sus ventajas para los tipografistas, a veces también involucra tener que trabajar con mascotas cerca. ¿Qué más podría haber causado que estos caracteres aleatorios

PREPARATIVOS PARA LA CONQUISTA
1 Aconteció después de la muerte de Moisés siervo de Jehová, que Jehová habló a Josué hijo de Nun, servidor de Moisés, diciendo:
2 Mi siervo Moisés ha muerto#ASD; ahora, pues, levántate y pasa este Jordán, tú y todo este pueblo, a la tierra que yo0KJH les doy a los hijos de Israel.
3 Yo os he entregado, como lo@#$%^dije a Moisés, todo lugar que pisare la planta de vuestro pie.
4 Desde el desierto y el Líbano hasta el gran río Éufrates, toda la tierra de los heteos hasta el gran mar donde se pone el sol, será vuestro territorio.
5 Nadie te podrá hacer frente en todos los días de tu vida; como estuve con Moisés, estaré

fueran insertados en medio del texto bíblico?

Señaladores de párrafos

También está el caso de la avalancha de quejas que sufrió una casa editorial nueva por parte de personas que adquirieron una de sus Biblias. La editorial fue criticada por manipular la apreciada versión King James de la Biblia en inglés. ¿La queja específica? Se había omitido el uso correcto de letra cursiva en algunas palabras y faltaban algunos señaladores de párrafo. Cuando el editor nos llamó para llevar a cabo una revisión a fondo, decenas de miles de Biblias ya habían salido de la imprenta, generando correos electrónicos, llamadas y quejas.

"¿Quiere acompañar ese salmo con un poco de queso parmesano?"

¿Cuál es su lugar favorito para guardar una buena receta? ¿Qué tal la columna de referencias cruzadas de su Biblia? Eso fue lo que hizo un tipografista, aunque accidentalmente. Al parecer el tipografista, sin darse cuenta, pegó partes de una receta que había copiado durante el almuerzo en la sección de referencias cruzadas de un proyecto. Nuestro equipo encontró el error en un proceso normal de revisión, logrando así evitar una crisis.

Al músico principal. Salmo de David.

41 Bienaventurado el que piensa en el pobre; En el día malo lo librará Jehová.

2 Jehová lo guardará, y le dará vida; Será bienaventurado en la tierra, Y no lo entregarás a la voluntad de sus enemigos.

3 Jehová lo sustentará sobre el lecho del dolor; Mullirás toda su cama en su enfermedad.

4 Yo dije: Jehová, ten misericordia de mí; Sana mi alma, porque contra ti he pecado.

5 Mis enemigos dicen mal de mí, preguntando: ¿Cuándo morirá, y perecerá su nombre?

6 Y si vienen a verme, hablan mentira;

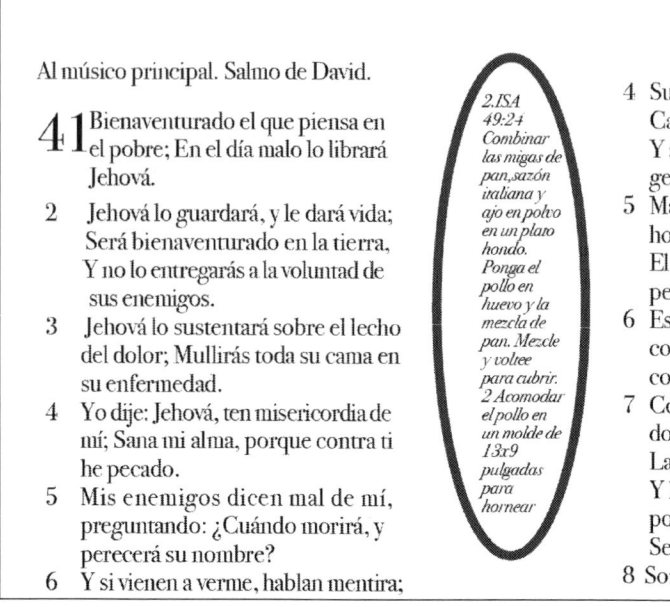

Algunas Biblias tienen más de 70 000 referencias cruzadas. Esta también incluía una deliciosa receta de pollo a la parmesana. Nuestro Equipo de Integridad de las Escrituras detectó el error en el primer borrador.

Si bien los ejemplos anteriores pueden considerarse sensacionales, no son atípicos. En realidad, son distintos ejemplos de una misma situación. Incluso las mejores y más cuidadosas editoriales y casas de publicaciones están compuestas por seres humanos. Y cada uno de nosotros, independientemente de cuán cuidadoso sea, es susceptible de cometer un error inadvertido, lo cual hace que la revisión de la Biblia sea absolutamente necesaria.

Y cada uno de nosotros, independientemente de cuán cuidadoso sea, es susceptible de cometer un error inadvertido, lo cual hace que la revisión de la Biblia sea absolutamente necesaria.

Cuando se trata de la Palabra de Dios y de nuevos proyectos bíblicos, los sistemas de control de calidad son especialmente importantes. Para evitar errores vergonzosos y costosos, haga que revisen su Biblia. La revisión puede ayudar a asegurar que todas las "t" tengan la línea horizontal y que todas las "i" tengan el punto arriba —y que no estén espolvoreadas con canela.

Tratar de reducir costos omitiendo la revisión puede resultar muy caro.

3

Cómo publicar una Biblia correctamente

Evite esa molesta reseña de una estrella.

Si los lectores saben que prácticamente todos los libros contienen uno o dos errores tipográficos, ¿por qué se apresuran a escribir una reseña de una estrella si encuentran un error en su Biblia?

El nivel de exigencia más elevado que suele aplicarse a la publicación de Biblias se deriva de la perspectiva que tienen los lectores de este libro sagrado. Desde el comienzo de la historia de la Biblia, el pueblo de Dios ha tratado la Palabra escrita de Dios con sumo cuidado. Incluso Moisés quiso guardar cuidadosamente la recién recibida ley de Dios al colocar los Diez Mandamientos originales en el arca del pacto para mantenerlos seguros (ver Deuteronomio 10:1-5).

Esa misma determinación de proteger y preservar la Palabra de Dios influenció a generaciones de escribas hebreos durante miles de años, como lo evidenciaron los masoretas, quienes trataron sus rollos sagrados "con la mayor reverencia imaginable e idearon un complicado sistema de salvaguardas contra los errores de los escribas"[1]. Se dice que los antiguos escribas contaban cuántas veces se hallaba cada letra del alfabeto en cada libro. Incluso llegaron al extremo de identificar las letras que estaban exactamente en la mitad del Pentateuco y de la Biblia hebrea, respectivamente.

¿Podemos decir que eran *meticulosos*?

Pero eso no es todo. La leyenda hebrea dice que si un escriba estaba copiando la Torá a mano y descubría que había cometido un error, dejaba de trabajar, ponía la pluma a un lado y quemaba el rollo. El más mínimo desliz humano implicaba, como vemos en este caso, una cantidad monumental de trabajo que debía ser realizado de nuevo.

Este esfuerzo no los desalentaba, porque esa era la reverencia que los antiguos tenían por la Palabra de Dios.

DIFERENCIAS EN ÉXODO

Cada traducción contiene diferencias que deben ser revisadas según el caso. Considere algunas de las diferencias sutiles halladas entre tres conocidas traducciones de Éxodo, dos de ellas en inglés y una en español.

	NIV *2011*	NASB *2020*	NTV
Número de veces que la palabra LORD o SEÑOR aparece en versalitas	409	399	426
Número de notas al pie de página	129	79	172
Líneas de poesía	76	49	77
Subtítulos	88	89	88

En la actualidad los lectores de la Biblia comparten valores similares. Creen que el libro que tienen en sus manos no sólo contiene palabras, sino que es la Palabra. Es el mensaje de Dios que sigue hablando a sus corazones y guía la manera en que viven. Por consiguiente, la perfección sigue siendo esencial en la publicación de la Biblia. Una revisión cuidadosa ofrece una protección vital.

A continuación se presentan cuatro formas en las que la revisión de la Biblia está al servicio de lectores y editores.

1. La revisión de la Biblia protege la Palabra de Dios.

La Biblia merece ser protegida porque creemos que es la revelación de Dios al mundo. En los textos sagrados del Antiguo y el Nuevo Testamento, Dios nos muestra cómo es él, cómo somos nosotros y lo que significa tener una relación con él.

Nuestro Equipo de Integridad de las Escrituras experimenta un fuerte sentido de responsabilidad cada vez que se sienta a revisar las páginas de una nueva traducción o un nuevo proyecto bíblico. Amamos la Palabra de Dios y queremos que otros puedan leer la verdad divina sin distraerse por errores humanos evidentes. Creemos que la Palabra de Dios debe imprimirse con excelente cuidado para que las personas puedan concentrarse en ella de manera completa, precisa y sin distracciones.

2. La revisión de la Biblia protege a los lectores.

Dado que la misión de la mayoría de las editoriales bíblicas es ayudar a las personas a leer la Palabra de Dios, nuestro sistema de revisión está diseñado en torno a ese objetivo: asegurar que los lectores puedan descubrir el mensaje de Dios sin distracciones que pueden evitarse. Al revisar cada proyecto bíblico, ayudamos a proteger la inversión de las personas que compran esas Biblias y al mismo tiempo protegemos sus corazones mientras buscan conocer mejor a Dios.

La Biblia merece ser protegida porque creemos que es la revelación de Dios al mundo.

3. La revisión de la Biblia protege al titular de los derechos de autor.

Sólo unas cuantas traducciones de la Biblia se consideran de dominio público; la mayoría de las traducciones están protegidas por derechos de autor cuyo titular es una editorial o casa de publicaciones. Al revisar Biblias, estamos protegiendo al titular de los derechos de autor de cada versión de la Biblia. Los traductores eligieron cuidadosa e intencionalmente ciertas palabras. Invirtieron incontables horas para determinar el formato correcto de cada línea de la Escritura. Y aunque nos encanta un nuevo diseño realizado por una editorial, señalamos cualquier detalle que se desvíe de los requisitos establecidos por los derechos de autor. Tenemos la obligación de proteger el texto y al cliente.

El minucioso y deliberado empeño de los traductores en cada aspecto del texto bíblico motiva nuestro fuerte sentido del deber de honrar sus esfuerzos. Nuestro objetivo es asegurar que cada Biblia en la que trabajamos preserve la intención de los traductores y proteja los derechos de autor y la misión del editor.

> **Ciro permite el regreso de los desterrados**
>
> **1** En el primer año de Ciro, rey de Persia,* el Señor cumplió la profecía que había dado por medio de Jeremías.* Movió el corazón de Ciro a poner por escrito el siguiente edicto y enviarlo a todo el reino:
>
> ²«Esto dice Ciro, rey de Persia:
> »"El Señor, Dios del cielo, me ha dado todos los reinos de la tierra. Me encargó construirle un templo en Jerusalén, que está en Judá. ³Cualquiera que pertenezca a su pueblo puede ir a Jerusalén de Judá para reconstruir el templo del Señor, Dios de Israel, quien vive en Jerusalén, ¡y que su Dios esté con ustedes! ⁴En el lugar que se encuentre este remanente judío, que sus vecinos los ayuden con los gastos, dándoles plata y oro, provisiones para el viaje y animales, como también una ofrenda voluntaria para el templo de Dios en Jerusalén"».
>
> ⁵Luego Dios movió el corazón de los sacerdotes, de los levitas y de los jefes de las tribus de Judá y de Benjamín, para que fueran a Jerusalén a reconstruir el templo del Señor. ⁶Todos los vecinos colaboraron, dándoles objetos de plata y de oro, provisiones para el viaje y animales. Les dieron muchos regalos valiosos además de todas las ofrendas voluntarias.
>
> ⁷El propio rey Ciro sacó los objetos que el rey Nabucodonosor se había llevado del templo del Señor en Jerusalén y había colocado en el templo de sus dioses. ⁸Ciro le ordenó a Mitrídates, el tesorero de Persia, que contara esos artículos y se los entregara a Sesbasar, el líder de los desterrados que regresaban a Judá.* ⁹La siguiente es una lista de los artículos que se devolvieron:
>
> tazones de oro 30
> tazones de plata 1000
> recipientes de plata para quemar incienso* 29
> ¹⁰ copas de oro 30
> copas de plata 410
> otros artículos 1000

Cada decisión con respecto a la alineación ha sido tomada por los traductores y debe ser preservada en cada impresión. Este ejemplo corresponde a Esdras 1 (NTV).

4. La revisión de la Biblia protege a los editores.

Imprimir una Biblia con errores puede provocar noches de insomnio a un equipo de publicaciones. Los errores menores pueden dar lugar a críticas de los clientes y malas reseñas, en tanto que los errores importantes pueden terminar en inventarios desechados y pérdidas financieras para la editorial.

Invertir en una revisión de calidad requiere cientos de horas, pero les da a los editores la seguridad de que no sufrirán pesadillas como esas.

Ser meticuloso con la Palabra de Dios es importante.

---

[1] F.F. Bruce, *The Books and the Parchments* [*Los Libros y los Pergaminos*], Old Tappan, Nueva Jersey: Fleming H. Revell Company, 1984, 108.

4

¿Por qué sigue siendo necesaria la revisión de las Biblias?

En pocas palabras, porque no se puede publicar una Biblia sin participación humana.

¿Recuerda el juego del teléfono descompuesto? Uno susurraba algo a un amigo, y él se lo susurraba a otro, quien a su vez se lo susurraba a otro, y así sucesivamente. Cuando llegaba al final de la línea, la frase "Quiero papas fritas y un batido de fresa" se había transformado en "Hay hormiguitas en el camino a la empresa".

Este juego es divertido y nos hace reír, pero también sirve para ilustrar lo que sucede cuando las personas tratan de intercambiar información. Mientras más veces se transmiten las palabras, mayor es la probabilidad de que cambien las palabras del mensaje original.

Desafortunadamente, esto ocurre también en los proyectos bíblicos basados en un proceso de trabajo digital. Uno pensaría que con todas las veces que las traducciones más populares de la Biblia han sido digitadas, impresas y reimpresas, las editoriales ya han cometido —y detectado— todos los errores imaginables. ¿Es realmente necesario que su Biblia sea revisada?

Quizás no lo sería si nos hubiéramos quedado con una sola traducción de la Biblia, una sola composición tipográfica y un diseño. Si las editoriales bíblicas hubieran hecho eso, ahora tendríamos un conjunto de pruebas inalterables y sin errores que usaríamos para producir Biblias "perfectas".

Pero no tenemos una única traducción que haya sido tipografiada a la perfección para la perpetuidad. En inglés hay cientos de traducciones y existen docenas de traducciones en español. Además, partes de la Biblia han sido traducidas a miles de idiomas diferentes a lo largo de los años.

Los tipos de errores que buscan los correctores son variados y abarcan desde textos faltantes hasta palabras incorrectas y errores tipográficos en general.

Seguimiento de actualizaciones

Para complicar las cosas, las editoriales y los equipos de traducción actualizan constantemente sus Biblias, revisan las traducciones, agregan y eliminan notas de estudio y le dan una nueva apariencia a cada edición, todo con el fin de hacer que la interacción del lector con la Palabra de Dios sea más sencilla y enriquecedora.

Considere la cantidad de personas que participan en cada cambio de imagen de una Biblia: eruditos, escritores, editores, diseñadores. Con tantas personas involucradas, los correos electrónicos van y vienen, se comparten y se modifican documentos, se mueven palabras y el diseño de las páginas se acomoda de nuevas maneras. Las ocasiones para cometer errores se multiplican. Esto puede convertirse fácilmente en la versión adulta del juego del teléfono descompuesto.

Encontrar y corregir todos los errores potenciales puede parecer una tarea imposible. Y para el ajetreado personal de las editoriales, probablemente lo sea. Un minucioso proceso de revisión por parte de un equipo dedicado a esta tarea puede ayudar.

> **9** Seré paciente cuando el Señor me
>   castigue,
>   porque he pecado contra él.
> Pero después +él tomará mi caso
>   y me hará justicia por todo lo
>   que he sufrido a manos de mis
>   enemigos.
> El Señor me llevará a la luz
>   y veré su justicia.

No es inusual encontrar caracteres insertados accidentalmente en las Biblias que revisamos, incluso si han sido elaboradas por tipografistas con mucha experiencia.

Detección de errores ocultos

Los tipos de errores que buscan los correctores son variados y abarcan desde textos faltantes hasta palabras incorrectas y errores tipográficos en general. Sin embargo, un error tipográfico peculiar que vemos se relaciona específicamente con el proceso de diseño y digitación, e involucra el software utilizado.

La composición tipográfica de la mayoría de las Biblias se realiza con un programa llamado Adobe InDesign. Al igual que sucede con cualquier otro software, los esfuerzos de InDesign por ser útil a veces pueden crear distracciones para el lector, como insertar divisiones de renglón incorrectas o problemas de espaciado. A manera de ejemplo, considere este comentario que fue enviado a una editorial bíblica:

> **"Mi edición tenía un error tipográfico en Apocalipsis 20:2, y decía 'fencadenó' en vez de 'encadenó' ".**

Este no es un incidente aislado. Nuestro equipo de revisión recientemente revisó una Biblia justo antes de que se enviara a imprimir y encontró una misteriosa F. En lugar de decir "oro", el versículo decía que "el foro de esa región es excelente".

> 12 El foro de esa región es excelente, y también se dan allí bedelio y ónice). 13 El segundo se llama Guijón, y rodea la región de Cus. 14 El tercero se llama Tigris y pasa al este de Asur. El cuarto es el Éufrates.

¿Cómo es posible que un error tipográfico como este aparezca en una Biblia? Los tipografistas y correctores saben exactamente cómo: por medio de una tecla de función rápida de InDesign. Al pulsar las teclas Ctrl+F, InDesign justifica todas las líneas. Es un atajo útil y se utiliza a menudo. Pero hay un problema. Si se selecciona la herramienta equivocada, en lugar de justificar el párrafo se insertará una letra F donde esté el cursor. De hecho, es posible que un tipografista ni siquiera se dé cuenta de que esto ha ocurrido, ya que la letra intrusa se disimula fácilmente entre los más de 3000 caracteres de una típica página de la Biblia.

> *Para quienes se distraen con defectos como estos mientras intentan tener un encuentro con Dios por medio de su Palabra, estos errores son enormes. Y ellos importan.*

Algunos de estos errores pueden parecer poco importantes. Pero para quienes se distraen con defectos como estos mientras intentan tener un encuentro con Dios por medio de su Palabra, estos errores son enormes. Y ellos importan.

Es como recibir un plato lleno de hormiguitas en lugar de unas sabrosas papas fritas.

Incluso los mejores tipografistas de la Biblia necesitan un proceso de revisión

5

Distinciones en las traducciones de la Biblia

¿Cuán diferentes pueden ser en realidad?

"Mi nueva Biblia es una NVI. Es la que usa mi pastor".

"Todavía leo la Biblia de mi niñez, la Dios Habla Hoy; la siento como un cálido abrazo".

"Sólo leo traducciones literales de la Biblia. No quiero que los traductores interpreten nada por mí".

"Aquí no hay nada qué debatir. ¡Todos sabemos que Jesús habló en el lenguaje de la Reina Valera!"

Si usted ha estado en la labor de publicar Biblias durante cierto tiempo, seguramente habrá escuchado comentarios como estos de los lectores.

Imagine que está comprando su primera Biblia, una que en verdad piensa leer y no simplemente tener de adorno en un estante. Podría ir a una librería física o buscar en una tienda en línea. En ambos casos, se verá de inmediato frente a estantes y estantes, o decenas de pantallas, de hermosos diseños, cubiertas de cuero, cruces en relieve, papel con bordes dorados y una variedad de combinaciones de letras. No tiene idea de qué significa LBLA, DHH, NTV, NVI, RVR, TLA, y mucho menos de cuál es la diferencia entre ellas.

Usted fue a comprar una Biblia pensando que eran todas iguales. Pero ahora no está tan seguro.

Entender las diferencias

Para un editor de la Biblia, este escenario puede ser un recuerdo lejano. Pero si usted está creando un nuevo proyecto bíblico, es importante entender algunas de estas diferencias. Podría ser un costoso error modelar su proyecto en una traducción basándose en otro proyecto en una traducción distinta sin tomar en cuenta las características de diseño y el estilo editorial propios de cada versión.

Si usted está creando un nuevo proyecto bíblico, es importante entender algunas de estas diferencias.

Considere el siguiente ejemplo de uno de los libros históricos de la Biblia. La versión llamada Nueva Traducción Viviente (NTV) tiene 64 líneas de poesía en 1 Crónicas. ¡Genial, una lista de control! Algo que tanto editores como correctores aprecian. Pero antes de asumir que ya encontró su lista de control venida del cielo y útil para revisar todas las Biblias, tome en cuenta que la traducción Nueva Versión Internacional (NVI) incluye 80 líneas de poesía en 1 Crónicas, no 64. Esto equivale a 16 líneas que comunican mensajes similares, pero están representadas con estilos completamente diferentes. (Vea otros ejemplos en la página 33).

Podría ser un costoso error modelar su proyecto en una traducción basándose en otro proyecto en una traducción distinta sin tomar en cuenta las características de diseño y el estilo editorial propios de cada versión.

Continuando con la comparación de 1 Crónicas entre las versiones NTV y NVI, considere que la NTV incluye 186 veces la palabra SEÑOR con versalitas. Dado que esta palabra es la traducción convenida de la palabra hebrea *YHWH*, sería lógico pensar que todas las traducciones coinciden en este aspecto. Sin embargo, debido a diferencias de traducción muy válidas y precisas, la NVI contiene 176 veces la palabra Señor en versalitas, diez menos que la versión NTV. Aunque el mensaje es el mismo, los traductores descubrieron que podían representar de manera precisa el significado en hebreo usando oraciones ligeramente diferentes.

Incluso los nombres de algunas personas que se mencionan en la Biblia pueden diferir, como en el caso del dueño del campo de trillar en 2 Crónicas 3:1. Las versiones NTV y NVI se refieren a este hombre como Arauna. Pero las versiones RVC (Reina-Valera Contemporánea), LBLA (La Biblia de las Américas) y DHH (Dios Habla Hoy) lo llaman Ornán. Pero antes de agregar este nombre a su lista de control y realizar un cambio global en su proyecto, vale la pena señalar que todas estas cinco traducciones usan el nombre Arauna para referirse al mismo hombre en 2 Samuel 24:16.

¿ES ORNÁN O ARAUNA?

Diferentes traducciones con frecuencia escriben los nombres de algunos personajes bíblicos de manera distinta. Por ejemplo, en 2 Crónicas 3:1

NVI	RVC
"... en el lugar que David había destinado, esto es, en la parcela de *Arauna*, el jebuseo".	"... en el lugar que David había preparado en la era de *Ornán* el jebuseo".

¿Y es Quedorlaomer uno de los reyes que se menciona en Génesis 14:1 o Quedorlaómer? Quizás usted no conozca la respuesta, pero ciertamente querrá que sus correctores la sepan.

La forma en que una traducción usa las mayúsculas, los guiones y los espacios es algo a lo que los editores de la Biblia también deberían prestar atención.

Además de estas diferencias en la escritura de los nombres, la forma en que una traducción usa las mayúsculas, los guiones y los espacios es algo a lo que los editores de la Biblia también deberían prestar atención. Observe por ejemplo el nombre del lugar que se menciona en Josué 9:17. Distintas traducciones lo llaman Quiriat Yearín, Quiriat-jearim y Quiriat Jearim. Y en Génesis 4:22 se menciona a un forjador de metales cuyo nombre era Tubal Caín, Tubal-caín y Tubal-Caín, dependiendo nuevamente de la traducción.

Las diferencias van más allá de las Escrituras
En lo que respecta a todo ese material que acompaña al texto de las Sagradas Escrituras, como el prefacio, el material incluido en las páginas preliminares y posteriores, las referencias en la barra lateral y las notas de estudio, cada editorial tiene su forma preferida de citar los versículos en su traducción. Desde las abreviaturas de los libros de la Biblia hasta el uso de espacios y puntuación, hay muchos detalles que se deben tener en cuenta. Por ello es importante contar con una guía de estilo correcta.

¿Todo esto le parece confuso? Lo es, pero un experimentado equipo de revisión de la Biblia lo protegerá de cometer un error debido a las diferencias entre las traducciones de la Biblia.

Invertir en un equipo adecuado de editores y correctores le ahorrará el costo de reimprimir correcciones más adelante y le evitará problemas con el titular de los derechos de autor de la traducción.

6

Cinco errores comunes que encontramos al revisar una Biblia

Una breve lista de errores que vemos a diario

¿Recuerda la parábola de Jesús sobre el vinagre?

Esta es una pregunta capciosa. Jesús nunca dijo esa parábola.

Sin embargo, si su única Biblia fuera la Versión Autorizada publicada en 1717 por John Baskett, quizás no estaría tan seguro. La Biblia de Baskett accidentalmente puso como título a Lucas 20 "La parábola del vinagre", en lugar de "La parábola de la viña". Lamentablemente, este no era su único defecto. Se dice que la gente se burlaba de la Biblia de Baskett diciendo que era una "canasta llena de errores", haciendo alusión al apellido del editor, que es muy similar a la palabra basket, que en inglés significa "canasta".

Eso duele.

La Parábola del Vinagre. Cortesía de la Colección del Museo de la Biblia. Todos los derechos reservados. Museo de la Biblia 2020.

Todos los días nuestro equipo de revisión detecta errores potencialmente desastrosos y también ofrece sugerencias sutiles para mejorar la experiencia del lector con la Biblia.

Debido a que estamos trabajando con la Santa Palabra de Dios, prestamos mucha atención a los pequeños detalles como las fuentes, los espacios y las notas al pie de página. Trabajamos con mucho cuidado para asegurar que el diseño del editor ayude a los lectores a interactuar con la

Palabra de Dios, en lugar de que sea un obstáculo. Dado que incluso las imperfecciones sutiles pueden impedir a los lectores escuchar con claridad la voz de Dios a través de las páginas de la Biblia, ponemos nuestro mejor esfuerzo para eliminar todas y cada una de las distracciones.

Los siguientes son cinco errores muy comunes que encontramos en nuestros proyectos de revisión de la Biblia.

1. Divisiones de palabras lamentables

Al tipografiar una Biblia (o cualquier libro en general) de acuerdo con los parámetros de un diseño específico, no hay forma de evitar las divisiones de palabras. Digamos, por ejemplo, que nos estamos acercando al final de una línea y la palabra "totalmente" no va a caber. Como tipografistas, procederíamos a dividir la palabra, dejando "total-" al final de la línea en cuestión, y "mente" al principio de la siguiente.

Esta división de la palabra "totalmente" no crea ningún problema. Pero, ¿qué me dice de la palabra "tabernáculo"? A primera vista, no parece presentar ninguna dificultad, hasta que empiezan a aparecer reseñas en Amazon que califican su editorial como desvergonzada e irrespetuosa porque el tipografista dividió la palabra como "taberná-culo". Y sin intención de caer en chistes de niños de primaria, no es difícil ver el lugar donde una división descuidada de la palabra "disputa" puede llevar a un resultado vergonzoso.

2. Encabezados

El encabezado es un indicador en la parte superior de una página que le dice al lector lo que hay en esa página. En lo que respecta a la Biblia, el encabezado por lo general muestra el primer y el último versículo que se encuentra en cada pliego de dos páginas.

Imagine a un nuevo creyente sentado en la iglesia, con una Biblia que acaba de adquirir. El pastor le pide a la congregación que busque el Salmo 27. Si un encabezado está incorrecto en su Biblia, este nuevo hermano inicialmente entusiasmado puede acabar en la página equivocada y perder la concentración. La Biblia impresa que debería ayudarle a concentrarse en el sermón del pastor se convierte más bien en una distracción.

Aunque la colocación de encabezados en la Biblia a menudo se hace de manera automática, nosotros los revisamos, y encontramos encabezados incorrectos en casi todas las Biblias que revisamos.

CINCO ERRORES COMUNES QUE ENCONTRAMOS AL REVISAR UNA BIBLIA

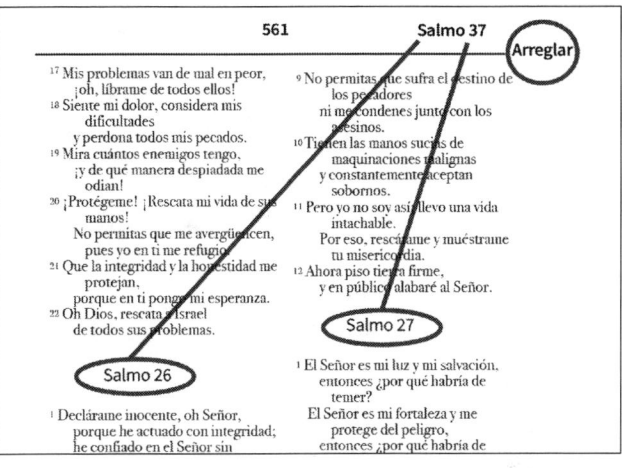

Errores en los encabezados confunden, distraen y desaniman a los lectores.

Aunque la colocación de encabezados en la Biblia a menudo se hace de manera automática, nosotros los revisamos, y encontramos encabezados incorrectos en casi todas las Biblias que revisamos.

---

3. Versículos y palabras faltantes.

En 1 Corintios 6:9 (RVA-2015) dice: "¿No saben que los injustos no heredarán el reino de Dios?" ¿Se imagina qué sucedería si por error se omitiera el segundo "no" en este versículo? Una Biblia publicada en 1653 omitió el segundo "no", creando así un escándalo y ganándose el poco halagador título de La Biblia de los Injustos.

Dado que "toda la Escritura"(literalmente "cada palabra de la Escritura") es inspirada por Dios (2 Timoteo 3:16), lo último que necesita un editor es omitir una palabra inspirada por Dios, o peor aún, un versículo completo.

4. Poesía mal alineada.

Para la mayoría de las personas, la forma como se alinea la poesía puede parecer irrelevante, pero considere el siguiente ejemplo de las primeras líneas del Salmo 23 en la traducción NTV:

La correcta alineación del Salmo 23:1-3

El SEÑOR es mi pastor;
    tengo todo lo que necesito.
En verdes prados me deja descansar;
    me conduce junto a arroyos tranquilos.
    Él renueva mis fuerzas.

Una alineación incorrecta del Salmo 23:1-3

El SEÑOR es mi pastor;
    tengo todo lo que necesito.
    En verdes prados me deja descansar;
    me conduce junto a arroyos tranquilos.
    Él renueva mis fuerzas.

La alineación y las sangrías de la poesía son decisiones de los traductores que establecen pensamientos primarios y secundarios.

La alineación incorrecta de la tercera línea cambia el énfasis, haciéndola asumir una posición subordinada. La frase "En verdes prados me deja descansar" se convierte incorrectamente en un pensamiento subordinado, en lugar de uno primario y separado.

Una alineación errónea de la poesía puede perturbar la experiencia del lector, distorsionar el mensaje del autor y destruir la belleza del paralelismo hebreo.

Es nuestra convicción que los eruditos de cada traducción tomaron decisiones intencionales con respecto a la disposición y las sangrías de la poesía que pueden afectar la lectura de las líneas tanto como las palabras mismas. Nuestro deber es proteger y preservar las decisiones de los traductores que trabajaron arduamente para precisar la intención del autor inspirado.

Una alineación errónea de la poesía puede perturbar la experiencia del lector, distorsionar el mensaje del autor y destruir la belleza del paralelismo hebreo.

---

5. Notas al pie en la página incorrecta

Los pequeños símbolos y números que se encuentran a lo largo de los textos bíblicos tienen el propósito de alertar a los lectores de la presencia de notas al pie de página en el margen inferior. Estas notas ofrecen traducciones alternativas o información adicional útil para los lectores. Las notas al pie de página son bastante comunes en los proyectos bíblicos.

La siguiente es una lista de traducciones modernas (la mayoría en inglés) y el número aproximado de notas al pie de página que contiene cada una de ellas:

- NVI: 3300
- CSB: 7200
- NLT: 4750
- NKJV: 3000
- NRSV: 3000
- ESV: 3800
- NTV: 4750

Estos son números grandes, y el proceso de revisión de las notas al pie de página nunca es sencillo.

Algunas traducciones, en ciertas ediciones específicas, agrupan decenas de notas al pie que se repiten en una misma página. Esto ocurre cuando una misma nota al pie aparece dos o más veces en una página, en cuyo caso se colocan múltiples símbolos, o llamadas de

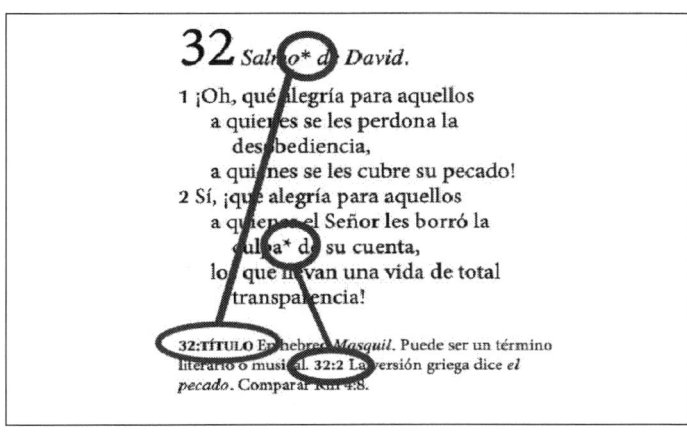

Ejemplos de notas al pie de página. La revisión de la Biblia asegura que cada llamada de nota y cada nota al pie estén en la página correcta.

nota, en el texto bíblico que señalan a la misma nota al pie de la página. Algunas traducciones hacen esto cientos de veces, pero saber cuándo hacerlo requiere un estricto apego a las reglas del traductor.

Ocasionalmente en el proceso de tipografía y diseño, los símbolos o llamadas de nota al pie —y los versículos sobre los que arrojan luz— pueden terminar en la página incorrecta. Esto no es catastrófico, por supuesto, pero es frustrante para los lectores y puede interrumpir una lectura devocional significativa de la Palabra de Dios.

Ocasionalmente en el proceso de tipografía y diseño, los símbolos o llamadas de nota al pie —y los versículos sobre los que arrojan luz— pueden terminar en la página incorrecta. Esto no es catastrófico, por supuesto, pero es frustrante para los lectores y puede interrumpir una lectura devocional significativa de la Palabra de Dios.

Jesús nunca dijo una parábola sobre el vinagre. Sin embargo, en varias ocasiones instó a sus seguidores a "ser cuidadosos". En nuestra opinión, en ningún otro aspecto es más importante este mandamiento que en el manejo, la revisión y la impresión del mensaje mismo de Dios tal como se encuentra en su Palabra.

La Palabra de Dios merece ser presentada a la perfección.

7

Digital y humano: El enfoque híbrido de la revisión de la Biblia

Depender únicamente de revisiones electrónicas o humanas ofrece una revisión incompleta.

Casi cualquier persona que haya pasado tiempo frente al televisor en la década de los 1970 recuerda la exitosa serie El Hombre Nuclear. Si usted es uno de ellos, probablemente todavía recuerda la mirada del coronel Steve Austin cuando se da cuenta de que su vuelo de prueba de la NASA está fallando. Quizás todavía tiene la imagen de su nave estrellándose en la tierra. ¿Recuerda lo que decía el narrador? "Lo reconstruiremos. Poseemos la tecnología para convertirlo en un organismo cibernético, poderoso, súper dotado".

Para cuando los créditos iniciales llegan a su fin, el cuerpo de Austin ha sido reconstruido con varias partes biónicas. Ahora puede correr a una velocidad de 100 kilómetros por hora. Tiene visión telescópica. Y es lo suficientemente fuerte como para acabar con cualquier criminal y enviarlo volando a la estación de policía más cercana. Se ha convertido en un híbrido, parte hombre, parte máquina. Ahora es "mejor que antes. Más fuerte. Más rápido".

Y todo por la módica suma de seis millones de dólares.

En sus tiempos de apogeo, El Hombre Nuclear era un mero entretenimiento que parecía descabellado y exagerado. Más de cuatro décadas después, la tecnología ha logrado convertir muchas de esas locas ideas del ámbito de la ciencia ficción en una realidad científica. Los asombrosos avances en robótica, tecnología informática, automatización e inteligencia artificial (IA) están cambiando radicalmente la forma en que el mundo funciona.

Podemos verificar rápidamente que el texto de la Biblia está completo, que cada versículo está presente y que no falta ningún párrafo.

Esto también se aplica a la publicación de la Biblia. En Peachtree recurrimos cada vez más a los avances de la tecnología para ayudarnos a entregar proyectos bíblicos hermosos y libres de errores.

No me malinterprete. Ningún miembro de nuestro personal es biónico. Nunca hemos contratado a un androide (hasta donde sabemos). Pero aprovechamos la mejor y más reciente tecnología, a la vez que nuestro equipo continúa aportando su criterio sabio e informado a la revisión de cada página de cada proyecto.

Estamos convencidos de que la publicación moderna de la Biblia requiere las mejores herramientas digitales y la más alta destreza y experiencia humana. Confiamos en ambos.

El papel de las "máquinas"

Cuando abordamos un nuevo proyecto para un cliente, utilizamos programas de software patentados y personalizados para llevar a cabo lo que sólo estos programas pueden hacer. Son rápidos y altamente confiables. De este modo podemos verificar rápidamente que el texto de la Biblia está completo, que cada versículo está presente y que no falta ningún párrafo.

Estamos convencidos de que la publicación moderna de la Biblia requiere las mejores herramientas digitales y la más alta destreza y experiencia humana. Confiamos en ambos.

También utilizamos nuestras avanzadas herramientas digitales para detectar áreas donde se presentan problemas específicos y para asegurar que los pasajes están correctamente presentados. Cuando descubrimos un problema extraño o peculiar, podemos crear una herramienta de búsqueda avanzada para identificar y ubicar otras partes del proyecto donde podría presentarse el mismo problema.

Por ejemplo, si encontramos una llamada de nota al pie de página —uno de esos pequeños símbolos en el texto que señalan la presencia de una nota en el margen inferior— que está demasiado cerca del número del capítulo, podemos configurar y ejecutar rápidamente una búsqueda que localice otros lugares donde ocurre lo mismo. Herramientas avanzadas como estas no sólo ahorran tiempo y aumentan la precisión, sino que también alivian el estrés que genera la duda de si hemos detectado todas las instancias en las que se presenta un determinado problema.

El papel de los humanos

Las herramientas electrónicas son excelentes sirvientes, pero malos amos. Son increíblemente útiles, pero por sí solas están incompletas. Las computadoras todavía no pueden leer con el discernimiento de un humano. Una computadora no puede reconocer si un espacio entre palabras es demasiado grande o demasiado pequeño, o simplemente "no se ve bien".

Las herramientas electrónicas son excelentes sirvientes, pero malos amos. Son increíblemente útiles, pero por sí solas están incompletas.

Considere una herramienta electrónica tan sencilla como el corrector ortográfico. Este recurso tiene una capacidad asombrosa y puede evitarles momentos vergonzosos a sus usuarios. Sin embargo, confiar únicamente en el corrector ortográfico y no pasar un ojo humano sobre el texto en cuestión podría resultar en varios errores no detectados. El corrector ortográfico no detecta homófonos (palabras que se pronuncian igual, pero se escriben de manera diferente). Observe el siguiente ejemplo:

> **Por quede tal manera amó Dios al mundo qué a dado ha su Hijo unigénito para que todo aquel que Enel cree nos sé pierda más tenga vida eterna.**
> **Juan 316**

Este texto lleno de errores pasa inadvertido para un programa de corrección ortográfica, pero no para los lectores, quienes le darán al editor muchas reseñas de una estrella.

Nuestro Programa Híbrido de Integridad de las Escrituras

Si bien es cierto que los mejores tipografistas bíblicos del mundo cuentan con herramientas que pueden verificar el texto bíblico letra por letra, estas herramientas no son infalibles. Son tan buenas como los operadores que las utilizan. Hay errores que pueden pasar (y de hecho pasan) sin ser detectados, incluso por los programas de comparación más sofisticados. Algunas de las cosas que estos programas no detectan son:

- Los espacios entre las palabras
- La ubicación correcta de los encabezados
- La ubicación adecuada de los cuadros de texto en cada página

Por esta razón, la tipografía y la revisión de la Biblia se realizan mejor con un enfoque híbrido: humanos y máquinas. Hemos comprobado que nuestras herramientas electrónicas sincronizan bien con (a) las rigurosas revisiones que lleva a cabo nuestro experimentado Equipo de Integridad de las Escrituras y (b) las revisiones electrónicas utilizadas por los tipografistas.

Hemos comprobado que nuestras herramientas electrónicas sincronizan bien con (a) las rigurosas revisiones que lleva a cabo nuestro experimentado Equipo de Integridad de las Escrituras y (b) las revisiones electrónicas utilizadas por los tipografistas.

El elemento humano en acción

Nuestro equipo sigue imprimiendo cada página de la mayoría de los proyectos bíblicos. Analizamos cada página con atención, revisando incluso la distribución de la tinta en el papel.

Las investigaciones sugieren que el ojo humano es más tolerante con el texto en una pantalla que en una página de papel. Por esta razón, los correctores que confían únicamente en lo que pueden ver en la pantalla de una computadora con frecuencia pasan por alto cosas que sólo se pueden ver en una página impresa.

Nuestro enfoque es dejar que las computadoras sean computadoras y que los lectores sean lectores. Cuando nuestro capacitado equipo trabaja en conjunto con las más modernas y efectivas tecnologías de revisión, estamos en las mejores condiciones para alcanzar nuestro objetivo: producir Biblias perfectas.

Cuando nuestro capacitado equipo trabaja en conjunto con las más modernas y efectivas tecnologías de revisión, estamos en las mejores condiciones para alcanzar nuestro objetivo: producir Biblias perfectas.

Para el observador externo, nuestras oficinas quizás no parezcan tan emocionantes como el mundo del Hombre Nuclear. Pero los correctores de Biblias somos verdaderos nerds de la Palabra, y creemos que este trabajo es apasionante.

La mejor revisión de la Biblia es la que aplica un enfoque híbrido: tecnología de la mano con el esfuerzo humano.

8

El final de la línea: Consideraciones acerca de la división de palabras y los callejones

Precaución: División de palabras adelante

Una pieza de un equipo se rompe. Un pedido se rompe en pedazos durante el envío. Una decisión gerencial precipitada interrumpe la buena operación de una compañía. ¿Qué más podemos decir? En un mundo imperfecto, las rupturas son una parte incómoda de los negocios.

En el ámbito de la publicación de Biblias, los editores, diseñadores y tipografistas luchan contra otros dos tipos de rupturas: las divisiones de palabras y la repetición de sílabas o palabras al final de las líneas. Ambas pueden crear distracciones y ambas nos mantienen ocupados.

Las divisiones de palabras tienen que ver

con la manera en la que hacemos que las líneas de texto quepan en un espacio asignado y que sean fáciles de leer. Sin una correcta división de palabras, el texto puede quedar demasiado apretado o demasiado espaciado. Cuando las divisiones de palabras se hacen de manera descuidada, se convierten en un obstáculo. Cuando se utilizan indiscriminadamente, son como baches perturbadores e irritantes en el viaje de un lector a través de la Biblia.

Recientemente revisamos una Biblia que tenía 500 divisiones de palabras en Génesis. ¡Quinientas! A lo largo de sus 832 páginas, esa Biblia tenía 8762 divisiones de palabras. Parecen muchas, pero en realidad esto es muy común.

Y nosotros revisamos todas las divisiones de palabras en cada Biblia en la que trabajamos. Pero, ¿cuál es realmente el problema?

Las malas divisiones de palabras distraen

El objetivo de un nuevo proyecto bíblico es lograr que las personas se encuentren con Aquél a quien la Palabra revela, por lo que cualquier cosa que pueda impedir ese encuentro divino es un problema. Imagine a un lector que está siendo cautivado por la verdad y el poder de un pasaje, pero de pronto se encuentra con una división incorrecta de una palabra que lo fuerza a interrumpir su lectura. Incluso las interrupciones momentáneas en la lectura pueden dificultar una comprensión más profunda.

Hacemos todo lo que está a nuestro alcance para evitar las divisiones de palabras que pueden desviar la atención del lector, aunque sea por un instante.

> 15 La siguiente declaración es digna de confianza, y todos deberían aceptarla: «Cristo Jesús vino al mundo para salvar a los pecadores», de los cuales yo soy el peor de todos. 16 Pero Dios tuvo misericordia de mí, para que Cristo Jesús me usara como principal ejemplo de su gran paciencia aun con los peores pecadores.

ACEP-TARLA

Texto bíblico con una palabra dividida incorrectamente. Esta división incorrecta quedaría impresa si el proyecto no es sometido a revisión.

Las malas divisiones de palabras confunden

¿Qué es peor que una división de palabras que distrae? Una que confunde.

A lo largo de sus 832 páginas, esa Biblia tenía 8762 divisiones de palabras. Parecen muchas, pero en realidad esto es muy común.

Los programas de diseño editorial están hechos para insertar divisiones de palabras de manera automática, para nuestra conveniencia. Pero en nuestra experiencia, estos programas se equivocan con demasiada frecuencia. Si bien la tecnología se vuelve cada vez mejor y más inteligente, hay cosas que todavía necesitan la intervención humana.

Considere la palabra "desembarcó". Estamos al final de una línea y la palabra completa no cabe. ¿Cómo dividirla? Hay distintos enfoques que se pueden aplicar.

La clásica división silábica que se aprende desde la escuela primaria nos lleva a dividir la palabra en cuestión de esta manera: "de-sem-bar-có". Sin embargo, también se puede recurrir a la división morfológica de las palabras, separando las partes de aquellas palabras compuestas por una raíz y un prefijo o sufijo. En este caso, la división morfológica "des-em-bar-có" también es correcta, y en algunas instancias contribuye a una lectura más fluida y a una mejor comprensión del texto. Es aquí donde el discernimiento humano es indispensable para determinar el enfoque más apropiado para cada caso específico.

Como se dice popularmente, si confundes

al lector, lo perderás. Es por eso que un buen tipografista procurará evitar las divisiones de palabras innecesarias. Y cuando estas no se pueden evitar, nosotros nos encargamos de asegurar que no enturbien el mensaje de un texto.

Las malas divisiones de palabras son perturbadoras

Si dejamos que el software de diseño editorial se haga cargo de dividir las palabras al final de las líneas, ciertas palabras que aparecen en la Biblia —por ejemplo "tabernáculo" y "disputa"— pueden ser divididas de una manera lamentable y perturbadora. El resultado puede dejar a niños de sexto grado riéndose disimuladamente y codeándose unos a otros, y a los adultos meneando la cabeza.

Lo último que alguien quiere es que su tiempo con Dios se vea interrumpido por pensamientos intrusivos innecesarios, y que su lectura devocional sea perturbada por palabras que no deberían estar ahí.

Los callejones también pueden ser un problema

Además de revisar dos veces todas esas divisiones de palabras, nuestro equipo también revisa si hay callejones en el texto. En la jerga editorial, los editores y diseñadores llaman callejones a dos o más líneas consecutivas que comienzan o terminan con la misma palabra, terminación o signo de puntuación.

Al igual que las divisiones de palabras, los callejones presentan un dilema de composición gráfica. Representan un desafío visual e incluso pueden jugarle trucos al lector. En lugar de leer sin esfuerzo de una línea a la siguiente, un callejón con la misma palabra o frase puede hacer que el ojo se salte una línea, o incluso dos.

Observe el siguiente ejemplo:

> Después quemó sobre el
> la grasa, los riñones y el
> ado de la ofrenda por el

También puede suceder al inicio de una línea:

> flor de harina, como ofrenda
> flor de harina como ofrenda d
> flor de harina mezclada con a

Al igual que las divisiones de palabras incorrectas, los callejones también pueden causar confusión. Los callejones hacen que los lectores pierdan el hilo de pensamiento y se vean en la necesidad de retroceder y volver a leer. De repente, el lector ya no está absorto en el texto, experimentándolo, sino fuera de él, tratando de encontrarle sentido a las palabras.

Tener que releer no es el fin del mundo, por supuesto. Sin embargo, los callejones son otra distracción que puede frustrar a los lectores. También pueden contribuir a ese susurro diabólico que tantos lectores de la Biblia escuchan en su mente: "¿Ves qué complicado es este libro antiguo? Todas esas palabritas extrañas en esas páginas tan delgadas. ¡Nunca lograré entenderlo!".

Una Biblia diseñada en dos columnas produce alrededor de 115 000 líneas de texto bíblico, con la posibilidad de que aparezcan callejones en ambos lados de cada columna, a la izquierda o a la derecha. Si contamos callejones y divisiones de palabras, nuestro equipo debe revisar más de un cuarto de millón de lugares donde estos pueden ocurrir.

Una Biblia diseñada en dos columnas produce alrededor de 115 000 líneas de texto bíblico, con la posibilidad de que aparezcan callejones en ambos lados de cada columna, a la izquierda o a la derecha.

¿Por qué revisamos tan minuciosamente? Porque la Palabra de Dios lo merece. No queremos que ningún lector en ningún lugar del mundo cierre la Palabra de Dios y desista de leerla.

Las malas divisiones de palabras distraen, confunden, e incluso pueden ser perturbadoras.

9

Muchos lo llamarán señor... Señor... Señor

¿Cuál de todos, Señor?

¿Recuerda la historia en Génesis cuando tres hombres, siendo uno de ellos Dios mismo en apariencia humana, se aparecieron al anciano Abraham y le dijeron que su esposa tendría un hijo al cabo de un año? Aunque Sara era diez años más joven que Abraham, era igualmente anciana y había sido estéril toda su vida. Sara escuchó aquel anuncio y se rió al pensar en la posibilidad de quedar embarazada a tan avanzada edad.

Génesis 18:12-14 dice:

Y Sara se reía dentro de sí, diciendo: "Después que he envejecido, ¿tendré placer, siendo también anciano mi *señor*?". Entonces el Señor dijo a Abraham:

—¿Por qué se ríe Sara, diciendo: "¿Realmente he de dar a luz siendo vieja?". ¿Acaso existe para el S%%%%%%% alguna cosa difícil? Al tiempo señalado volveré a ti, de aquí a un año, y Sara habrá tenido un hijo.

(RVA-2015, énfasis añadido).

A pesar de los siglos que han transcurrido desde que este texto fue traducido, este pasaje es bastante fácil de entender.

Pero, ¿por qué en algunas ocasiones la palabra *Señor* aparece en versalitas y en otras no? Esta pequeña diferencia apunta a una enorme distinción.

¿Todos los "Señor" se refieren a Dios?

Quizás haya notado en su propia lectura de la Biblia (y en las palabras en cursiva del pasaje anterior), que la sencilla palabra de cinco letras *señor* presenta un uso diferente de las mayúsculas a lo largo de la Biblia. Si una persona no comprende el propósito de estas diferencias, puede pensar que cada vez que aparece esta palabra se está refiriendo a Dios. Y dado que la S mayúscula y las letras EÑOR en versalitas (S%%%%%) se ven "formales", debe ser simplemente un símbolo de respeto. Formal significa respeto, ¿cierto?

Sin embargo, este estilo en el uso de las mayúsculas tiene un gran significado. La distinción correcta entre el uso de minúsculas, mayúsculas y versalitas significa la diferencia entre un amo terrenal o un esposo, y el Dios del universo. Ciertamente esta es una gran diferencia.

Sin esta diferenciación entre un hombre y un título específico para Dios, el pasaje anterior podría malinterpretarse de esta forma:

Después que he envejecido... siendo también anciano mi Dios? Entonces el hombre de la casa le dijo a Abraham... ¿Acaso existe para el amo alguna cosa difícil?

Pero, ¿por qué en algunas ocasiones la palabra Señor *aparece en versalitas y en otras no? Esta pequeña diferencia apunta a una enorme distinción.*

No sólo suena extraño, sino que es extremadamente impreciso. Al confundir los distintos usos de la palabra *señor*, estaríamos llamando viejo a Dios y relegándolo al lugar del hombre de la casa. Pero sabemos que Dios no tiene edad y que es el Creador de todos los hombres ... y hogares. Es imperativo que hagamos esto bien.

Entonces, ¿qué significa todo esto? Y, ¿cómo

podemos estar seguros de que las Biblias que estamos produciendo son precisas?

En la mayoría de las Biblias en español, cuando la palabra *señor* aparece en versalitas (Señor) o toda en mayúscula (SEÑOR), se refiere a la palabra hebrea *YHWH*, el más sagrado nombre de Dios que originalmente no contenía vocales y significaba "YO SOY". Usted podrá reconocer este significado al recordar la voz de Dios en la zarza ardiente diciéndole a Moisés que su nombre era "YO SOY" (Éxodo 3:14). Algunas versiones de la Biblia en español traducen este nombre como Jehová o Yahvé.

Cuando se usan otros nombres de *Dios*, como la palabra hebrea Adonai, la palabra *Señor* se representa con mayúscula inicial y minúsculas, como se acostumbra con los nombres propios.

Más de 6000 posibilidades de error

Considere lo siguiente: la palabra *Señor* con versalitas aparece más de 6000 veces en la Biblia en español. Confundir los distintos usos de la palabra *señor* puede cambiar enormemente el significado. En ocasiones, editores o tipografistas con poca experiencia ven que la palabra *Señor* se representa con mayor frecuencia en versalitas y, para ahorrar tiempo, pueden cometer el error de hacer una "corrección" global y cambiar todas las instancias donde aparece esta palabra a versalitas.

Este cambio global representa un problema enorme para el tipografista, ya que cada instancia incorrecta debe volver a cambiarse. Y aunque nuestro Equipo de Integridad de las Escrituras rara vez ve este tipo de problema global en un proyecto bíblico, no es inusual encontrar varios errores esporádicos en el uso de mayúsculas y versalitas. Por supuesto, encontrar ese único error —ese que evade fácilmente la revisión ortográfica— significa estar atentos a las miles de ocasiones en las que aparece la palabra.

La palabra Señor *con versalitas aparece más de 6000 veces en la Biblia en español.*

La correcta escritura de estos títulos y nombres es muy importante. Un error en el uso de las mayúsculas o versalitas en estas cinco pequeñas letras podría equivaler a eliminar por completo a Dios de un versículo. Asegúrese de que el equipo de revisión al que le confía su proyecto bíblico sabe cuál es el formato correcto para cada uso de la palabra *Señor*.

La diferencia entre* señor *y* Señor *no podría ser mayor.

10

Nueve errores comunes que encontramos en proyectos de Biblias especializadas

Errores recurrentes que se encuentran al revisar Biblias devocionales y de estudio.

La próxima vez que visite una librería cristiana, tome un momento para admirar la multitud de Biblias devocionales y de estudio disponibles. Quizás querrá quitarse el sombrero en reconocimiento a "María la Sanguinaria", la reina católica de Inglaterra en la década de 1550. Ella es indirectamente responsable de la existencia de todas esas Biblias tan útiles.

Durante el violento reinado de María Tudor, prominentes creyentes protestantes británicos huyeron al continente europeo. Un grupo de eruditos de la Reforma se refugió en Ginebra y decidió sacar el máximo provecho de su exilio. Lanzaron un ambicioso proyecto para darle al Nuevo Testamento de William Tyndale un completo cambio de imagen.

El resultado fue la Biblia de Ginebra de 1560. ¡La expresión "nueva y mejorada" se podía aplicar con toda propiedad a esta Biblia! Esta versión de la Palabra de Dios era más accesible tanto en la lectura como en su precio. También era más compacta, aunque contenía una gran cantidad de ayudas adicionales para los lectores. Nunca antes una Biblia había incluido mapas, índices, referencias cruzadas, divisiones de capítulos, versículos numerados y notas explicativas en los márgenes.

En resumen, las Biblias devocionales y de estudio más conocidas y utilizadas por los creyentes contemporáneos, por ejemplo, la Biblia de Estudio Diario Vivir, la Biblia de Referencia Thompson, la Biblia de Estudio de las Américas y muchas otras en español y en inglés, tienen su origen en la honorable Biblia de Ginebra.

Cada nota o recurso adicional, cada mapa y cada gráfica contiene la posibilidad de error humano.

Las Biblias de estudio no sólo ofrecen la Santa Palabra de Dios, sino también una gran cantidad de información y aliento para quienes desean comprender mejor su fe y vivirla en la práctica cotidiana. Sin embargo, todo ese contenido adicional representa un desafío para las editoriales bíblicas. Cada nota o recurso adicional, cada mapa y cada gráfica contiene la posibilidad de error humano. Es por eso que cada proyecto de Biblias especializadas debe ser revisado cuidadosamente antes de ser enviado a la imprenta.

Los siguientes son los nueve errores más comunes que detectamos cuando revisamos Biblias de estudio y devocionales:

1. Errores tipográficos

"Por consiguiente, hay ahora condenación para los que están en Cristo Jesús".

¿Notó que falta una palabra? No se trata de un error irrelevante. Romanos 8:1 dice: "Por consiguiente, *no* hay ahora condenación . . ." (énfasis añadido). Este es un ejemplo real de una nota de estudio que aparecía debajo del texto bíblico en un proyecto que estábamos revisando. De no haberse detectado y corregido, esa oración habría dado el significado opuesto de lo que Dios dijo y de lo que el editor quería comunicar.

Dado que las notas de estudio no cuentan con la ventaja de los años de revisión por los que ha pasado el texto bíblico, es fácil que un error como ese pase inadvertido. De ahí la necesidad de revisar cuidadosamente cada palabra utilizando herramientas como el *Libro de estilo de la lengua española* y manteniendo un estricto cuidado editorial, para asegurar la entrega de un producto excelente.

2. Palabras incorrectas

Esto sucede con frecuencia cuando una Biblia de estudio es traducida de una versión a otra (por ejemplo, de RVR a NVI). Una nota de estudio puede hacer referencia a la traducción anterior, un error editorial que si bien es comprensible, también es confuso y potencialmente desalentador para el lector. Considere un ejemplo práctico que muestra el texto de Isaías 7:15 en tres excelentes traducciones distintas. Una nota de estudio traducida de una versión a otra debe ser cuidadosamente editada. Aunque el significado del versículo no cambia, es probable que las palabras utilizadas en la nota de estudio deban actualizarse para coincidir con el texto de la nueva versión:

RVR1960	NVI	NTV
Comerá mantequilla y miel, hasta que sepa desechar lo malo y escoger lo bueno.	Cuando sepa elegir lo bueno y rechazar lo malo, comerá cuajada con miel.	Cuando ese hijo tenga edad suficiente para escoger lo correcto y rechazar lo malo, estará comiendo yogur y miel.

3. Citas o referencias cruzadas incorrectas

¿Cuántas veces ha buscado una cita bíblica o una referencia cruzada y se ha dicho, "Estoy seguro de que debe haber una conexión aquí, pero no la veo"? En lugar de captar el mensaje del eterno y misericordioso amor de Dios, el lector podría abandonar la nota pensando: *Lo sabía... No soy lo suficientemente inteligente para entender la Biblia.* Quizás el editor ahorró algo de tiempo al no hacer que revisaran cada referencia, pero esa decisión puede tener consecuencias no deseadas.

4. Notas en la página equivocada

El beneficio de las notas en una Biblia de estudio radica en que coincidan en la misma página con el versículo o versículos que explican. Pero cuando se separan del versículo al que corresponden y terminan en una página diferente, se produce un lío para el lector. Cuando eso sucede, el arduo trabajo que se invirtió en la nota de estudio se desperdicia porque por lo general, la nota no es leída. Nuevamente, el objetivo del diseño editorial y de la revisión de una Biblia es facilitar su uso, evitar confusiones y eliminar toda posible distracción.

5. Errores en el formato

¿Ciertas palabras deben estar en cursiva? ¿En negrita? ¿Entre comillas? ¿Qué sucede si se utiliza una fuente incorrecta, o si el diseño editorial no es consistente? Errores como estos, causados por descuido, socavan el valor de la Palabra de Dios.

> **22:18 MATÓ OCHENTA Y CINCO SACERDOTES.** BOLD
> Dios permitió que Doeg matara a ministros de Dios y otros hombres, mujeres y niños inocentes. En un mundo pecaminoso, donde las personas han escogido desobedecer a Dios e ir por su propio

6. Texto incompleto

En ocasiones sucede que en ese valioso material de apoyo se borra el final de una oración o un párrafo, o por alguna razón el texto queda inconcluso. El lector apenas comenzaba a obtener una nueva perspectiva, cuando de repente la nota (¿Ve a lo que nos referimos?)

7. Superposición de material complementario sobre el texto bíblico

En ocasiones, una útil nota de estudio o un mapa se ve muy bien, hasta que alguien se percata de que está tapando el texto bíblico. Un diseñador o un tipografista, sin darse cuenta, traslapó el material de apoyo, cubriendo parte del texto de la Biblia. Aunque el texto está presente, en realidad está oculto, invisible para el lector. Esto puede parecer una locura, pero es algo que sucede con más frecuencia de lo que imagina.

8. Inconsistencias de estilo

¿Es la Fiesta de la Pascua el término correcto, o la Fiesta de los Panes sin Levadura, o simplemente Pascua? ¿Es la Fiesta de los Tabernáculos, el Festival de las Enramadas, Sucot o la Fiesta de la Cosecha? ¿Es Abimelec o Ahimelec? ¿Se trata de dos personas diferentes o de una misma persona cuyo nombre se escribió de forma diferente por accidente? El uso consistente de los nombres es una de las muchas formas sencillas en las que podemos ayudar al lector. La consistencia de estilo ayuda a los lectores a seguir el hilo y captar el punto principal de una nota explicativa, sin perderse al tratar de encontrar la conexión entre las ideas.

9. Uso incorrecto de la palabra *Señor*

"El Señor le dijo a mi Señor..."

El uso de versalitas en la palabra "Señor" sirve para denotar la palabra hebrea *Yahvé*. Cuando se omite el uso de versalitas, el significado de la palabra cambia por completo.

(Ver capítulo 9.)

Cada proyecto bíblico incluye más de 300 000 detalles que deben estar correctos. Una revisión minuciosa de la Biblia verificará todos y cada uno de ellos.

El objetivo de todos los recursos adicionales en una Biblia devocional o de estudio es ayudar al lector a comprender la verdad de Dios, no confundirlo. Es por eso que los correctores se esfuerzan al máximo, recorriendo siempre la milla extra. Cada proyecto bíblico incluye más de 300 000 detalles que deben estar correctos.

Una revisión minuciosa de la Biblia verificará todos y cada uno de ellos.

Creemos que los lectores merecen Biblias libres de errores que los distraigan. Aún más importante, Dios merece nuestro mejor esfuerzo para transmitir su Palabra a la próxima generación de lectores.

11

Por qué usted necesita un especialista

La revisión de la Biblia es un proceso de tres etapas.

Si usted sospechara que tiene una enfermedad grave, no iría a buscar atención profesional a la farmacia más cercana, aunque el personal ahí sea muy agradable. Usted haría una cita con su médico de confianza. Probablemente, el doctor le haría algunos exámenes y lo referiría a un especialista: un neurólogo, un cardiólogo o algún otro -ólogo.

Así es el mundo en el que vivimos. Todo es especializado. Las personas se hacen expertas, no sólo en un campo, sino en un aspecto particular dentro de un campo. Eso no es malo; simplemente hay mucho conocimiento que hay que manejar. Nadie puede dominar adecuadamente todos los conocimientos y habilidades necesarios para hacerlo todo.

La publicación también es una actividad

altamente especializada. El hecho de que un editor sea muy cotizado por su conocimiento y habilidad para dar forma a inspiradores manuscritos de ficción no significa que esté capacitado o tenga el conocimiento para abordar las complejidades de un gran proyecto bíblico.

Hablamos por experiencia. El trabajo editorial bíblico es la habilidad en la que nos hemos especializado desde hace casi 40 años. Cuando usted tiene un proyecto de publicación de una Biblia, quiere que se haga con excelencia. Nosotros también.

Cuando usted tiene un proyecto de publicación de una Biblia, quiere que se haga con excelencia. Nosotros también.

¿Cuáles son las mejores prácticas para la revisión de la Biblia? La ruta del éxito sigue el mismo camino que hemos desarrollado a lo largo de los años e incluye un proceso de tres etapas.

El proceso de tres etapas de Peachtree
Paso uno: Abordaje inicial del proyecto
Probablemente haya oído hablar de lo que

puede pasar en un viaje de larga distancia si el navegador está fuera de curso, incluso por una décima de grado. Si el error de cálculo se detecta a tiempo, se requerirá sólo un pequeño esfuerzo para retomar la ruta correcta. Pero mientras más tiempo pase sin ser corregido, más se alejará el navegador de su destino.

De manera similar, mientras más temprano se detecten pequeños errores en un proyecto bíblico, será más sencillo evitar enormes y costosos problemas más adelante. Caso en cuestión: el libro de Génesis. Génesis representa el primer 4,9% de la Biblia. Cuando detectamos errores sistemáticos ahí, podemos controlarlos antes de que puedan hacerse más grandes. ¿Puede imaginar cómo se vería un error aparentemente pequeño en Génesis una vez que ha llegado a Isaías?

Mientras más temprano se detecten pequeños errores en un proyecto bíblico, será más sencillo evitar enormes y costosos problemas más adelante.

En esta primera etapa, revisamos minuciosamente un archivo de prueba y lo examinamos en busca de pequeños problemas que podrían convertirse en grandes dolores de cabeza. Específicamente, revisamos si faltan versículos, si las notas están en la página correcta, si hay párrafos excesivamente espaciados o demasiado apretados. Pedir al tipografista que ajuste un solo párrafo podría causar un reacomodo de decenas de páginas. Es por eso que queremos encontrar y corregir estos errores en esta etapa inicial, para ahorrarle tiempo a nuestros clientes y preservar su presupuesto, de modo que puedan usar esos fondos en la distribución de su Biblia recién impresa.

Paso dos: Revisión de la Integridad de las Escrituras

Es en esta segunda etapa donde llevamos a cabo una revisión línea por línea de las páginas de la Biblia. Cuatro o cinco miembros de nuestro equipo examinan cada página y revisan cada línea del texto bíblico. (Eso es mucho para revisar, dado que cada Biblia por lo general tiene más de 100 000 líneas). Nuestro equipo examina las notas al pie de página y las referencias cruzadas y verifica que estén correctas. Utilizamos software personalizado que hemos desarrollado para asegurar que cada parte de la Biblia esté intacta. También revisamos el material complementario: notas de estudio, recursos especiales y otros similares.

Examinamos cada línea de cada proyecto para asegurar que cumple con todos y cada uno de los requisitos de derechos de autor y que no se ha omitido ningún detalle.

Paso tres: revisión por parte del coordinador de proyecto

En la tercera etapa de nuestro proceso de control de calidad, todos los elementos de alta visibilidad (encabezados, inicios de capítulo, números de página, entre otros) se vuelven a revisar. El coordinador del proyecto integra y coteja el trabajo de los miembros del Equipo de Integridad de las Escrituras. Seguidamente, el proyecto es enviado de vuelta al editor o al tipografista con todas las correcciones y comentarios, presentados de la manera que fue acordada al comienzo del proyecto.

Examinamos cada línea de cada proyecto para asegurar que cumple con todos y cada uno de los requisitos de derechos de autor y que no se ha omitido ningún detalle.

Este es el meticuloso proceso que hemos seguido más de mil veces. Si bien existen muchas motivaciones en la labor editorial, nuestro impulso viene del corazón: Nuestro objetivo es asegurar que cada nuevo proyecto bíblico que entregamos permita que el Espíritu de Dios trabaje eficazmente (Hebreos 4:12), sin la distracción de errores humanos.

La experiencia es importante porque hay muchas cosas que pueden salir mal en el proceso de publicación de una Biblia.

12

El tipo de publicidad que usted no quiere recibir

Omitir el proceso de revisión puede costarle tres o cuatro estrellas.

P. T. Barnum, el extravagante empresario y artista circense del siglo XIX, dijo la conocida frase: "Toda publicidad es buena publicidad". Quizás toda publicidad sea buena publicidad para una persona que es famosa por el hecho de ser famosa. Cualquier día que una celebridad en busca de atención se abre paso entre las cámaras de los paparazzi, recibe una avalancha de atención y provoca cientos de comentarios en las redes sociales es un buen día.

Quizás deberíamos mencionar la frase completa atribuida a P.T. Barnum: "Toda publicidad es buena publicidad siempre y cuando deletreen bien tu nombre". Eso suena como si Barnum hubiera recalcado la importancia de la revisión de textos.

En el ámbito de la publicación de la Biblia, quizás no toda publicidad es buena publicidad. Si el objetivo de una persona o una empresa es simplemente volverse famosa (o tristemente célebre), Barnum tenía razón: cualquier publicidad es buena. Pero si su objetivo es el éxito empresarial, lo que usted quiere es publicidad positiva, buenos comentarios y recomendaciones de persona a persona. Quiere que sus compradores elogien sus productos. En el mundo actual, eso significa que usted quiere recibir reseñas de 5 estrellas.

El hecho es que los consumidores leen las reseñas. Probablemente usted también lo hace. Puede ser que haya leído una esta semana. Quizás visitó su tienda en línea favorita, la que tiene registradas su lista de deseos, su dirección de envío y su tarjeta de crédito. Encontró ese artículo que ha estado pensando adquirir. Se fijó en el precio y luego se desplazó hacia abajo en la pantalla a la sección de reseñas, esa sección capaz de concretar o arruinar una venta. ¿Qué dice la gente sobre ese producto? Las respuestas pueden hacer que usted agregue el artículo a su carrito de compras o que busque un producto diferente.

El hecho es que los consumidores leen las reseñas.

Este proceso no es diferente para las personas que buscan comprar una Biblia nueva.

Una de las formas más poderosas de dar a conocer su proyecto bíblico es a través de estas reseñas. Las reseñas de cuatro y cinco estrellas pueden impulsar la distribución. Por el contrario, una Biblia que recibe evaluaciones consistentemente bajas por parte de los compradores, simplemente se convertirá en inventario almacenado. El editor no sólo pierde ventas, sino también el ministerio que de otro modo habría tenido.

Imagine invertir meses y meses de su tiempo y esfuerzo en la edición de un proyecto bíblico. Imagine su alegría al verlo salir de la imprenta. Y ahora imagine el horror que sentiría al leer en Amazon una reseña como la que aparece a continuación.

>
>
> **Todo estaba bien, hasta que un día, desde el púlpito, no pude encontrar Isaías 65. Aunque todavía me resulta algo útil, preferiría no tener cuatro libros con un problema tan serio. (Las páginas 1-288 van seguidas por las páginas 225-256 y luego salta a 321-799. ¡Faltan las páginas 289-320!) Si compra esta Biblia, revise las páginas y devuélvala. No espere a descubrir el problema como lo hice yo... ¡frente a toda mi congregación!**

¿Es este un problema de tipografía o de impresión? Hemos visto problemas de numeración de páginas como este en ambas partes del proceso. De hecho, para una Biblia con este problema, tres estrellas es bastante generoso. Pero cualquier comprador que lea la reseña buscará otra Biblia, o simplemente no comprará ninguna.

Este proyecto ahora se convierte en otro ejemplo de Biblias que no pueden ser distribuidas.

Es importante saber que todo proyecto bíblico va a tener errores en las etapas de desarrollo y composición tipográfica. También es importante saber que alguien va a encontrar esos errores. Pueden ser detectados por un equipo de revisión capacitado antes de que la Biblia sea impresa, o por lectores atentos después de que haya sido publicada. El primero es un asunto privado entre la editorial y el equipo de revisión. ¿El otro? Bueno, para darse cuenta de cuán público puede tornarse el asunto sólo tiene que leer algunas reseñas en línea como las que citamos a continuación.

(Hemos omitido los nombres de las editoriales y las Biblias específicas a las que se refieren las siguientes reseñas. Sin embargo, nos alegra decir que ninguna de estas reseñas negativas corresponde a proyectos revisados por el Equipo de Integridad de las Escrituras de Peachtree).

. . . me molesta que alguien publique una Biblia y omita una frase completa. ¡Qué barbaridad!

En Génesis 3:8 falta la palabra "among" y en el libro de Salmos falta la "t" en la palabra "brought". . . Voy a leer toda la Biblia y anotaré los errores que vea, para contactar a la editorial y decirles lo que encontré.

He estado disfrutando esta . . . Biblia durante algún tiempo. Sin embargo, hoy encontré un error tipográfico. En Isaías 58:8 la última palabra debería ser "rereward" (= rearward), NO "reward". Aparte de este error, esta es una buena Biblia KJV de estudio.

La CALIDAD es decepcionante... He encontrado demasiados errores tipográficos y de impresión. Palabras escritas incorrectamente y palabras agrupadas sin espacio entre ellas. No soy una persona muy detallista, pero esto me ha molestado mucho. Todavía estoy usando esta Biblia, pero es muy frustrante... Compré esta Biblia pensando en usarla durante algún tiempo y después dársela a uno de mis hijos, y el contenido es excelente. No tengo quejas del contenido, pero la calidad de la impresión es terrible, y me daría vergüenza dársela a ellos.

He encontrado varios errores de impresión en mi... Biblia, y aun no he terminado de leer los 66 libros. A la fecha he encontrado tres errores.

En Amós 5:20 aparece "tne" en lugar de la palabra "the".

En Josué 19:10 la palabra "was" aparece atravesada por una línea horizontal.

En 1 Samuel 21:8 hay un punto de más entre las palabras "neither" y "brought".

Las reseñas que aparecen en este capítulo fueron tomadas de Amazon.com y Christianbook.com y traducidas de inglés a español.

Quizás algunos piensen, "Con más de 31 000 versículos en la Biblia, ¿un solo error tipográfico es realmente importante?".

Considere la siguiente reseña que apareció en Christianbook.com:

>
> **Hablando de primeras impresiones, hay un error tipográfico en el PREFACIO, lo cual no me inspira confianza... Una sola letra me ha hecho perder la confianza... Puede que no sea mucho, pero lo es todo. ¿Cómo es posible que los editores y correctores hayan pasado por alto un error así, especialmente en un trabajo de esta importancia y naturaleza? Si la explicación es un error tipográfico, cualquiera podría de igual manera desecharla. Lamentablemente, tengo que darle a esta Biblia una calificación negativa de una estrella. Personalmente, creo que la credibilidad quedó manchada desde el principio, el peor lugar para perder a un lector y, tristemente, por un error editorial fortuito me veo forzado a considerar esta obra simplemente como una traducción más. Esto puede sonar duro, pero no tengo ningún deseo de hacer el trabajo del editor o el corrector.**

Eso duele.

Cuando nuestro equipo revisa una Biblia, también examinamos el material incluido en las páginas preliminares y las de cierre. Por lo general, esas páginas se componen rápidamente y en el último minuto, lo que aumenta la probabilidad de pasar por alto algunos errores. La siguiente reseña es de una Biblia que nosotros sí revisamos. Desafortunadamente, la editorial nunca nos envió la página de presentación. Un solo error tipográfico en esa página tan visible le costó a esta editorial dos estrellas.

Esta es una hermosa Biblia, pero ¡hay un error tipográfico en la página de presentación! Con gusto la conservaré porque es para mi uso personal, pero quise mencionarlo en caso de que alguien esté considerando comprarla para un regalo.

Las personas leen y califican las Biblias de una manera diferente a como califican cualquier otro tipo de libros, en los que los errores tipográficos son molestos pero tolerables.

Cuando hay errores tipográficos o de otro tipo en una Biblia, los lectores por lo general la devuelven porque la consideran defectuosa. Todos creemos que la Palabra de Dios es perfecta. Es difícil aceptar que quienes publican Biblias no lo son.

Las personas leen y califican las Biblias de una manera diferente a como califican cualquier otro tipo de libros.

Un corrector bíblico confiable lo protegerá de errores costosos. Con un buen proceso de revisión, reseñas como las siguientes pueden ser la norma.

> ★ ★ ★ ★ ★
> ¡Me encanta esta Biblia! Es tan sencilla de leer
> ... me gusta mucho. ¡Muchas gracias!

> ★ ★ ★ ★ ★
> ... Decidí comprar esta Biblia. En cuanto llegó, la revisé ... Ahora, dos pruebas más: cómo resiste el uso diario y si tiene o no errores tipográficos u omisiones, la clase de cosas que por lo general se notan con el tiempo. Si llegara a encontrar alguno, actualizaré esta reseña. Por el momento, diré que esta es una hermosa Biblia, con muchas ayudas útiles para el estudio ...

¿"Toda publicidad es buena publicidad"? No en la industria de publicación de Biblias. Obviamente, P.T. Barnum no vivió en el mundo siempre conectado y siempre bullicioso de internet.

El proceso de revisión ayuda a evitar las dolorosas reseñas negativas.

ACERCA DE PEACHTREE PUBLISHING SERVICES

NUESTRA MISIÓN (POR QUÉ EXISTIMOS)
Existimos para proteger y promover la Palabra de Dios.

NUESTRA VISIÓN (QUIÉNES SOMOS)
Peachtree es una compañía dedicada a brindar servicios editoriales y de revisión de Biblias a casas de publicación alrededor del mundo que desean crear ediciones perfectas de la Palabra de Dios y de otros libros relacionados con la Biblia.

INFORMACIÓN DE CONTACTO
Peachtree@PeachtreeEditorial.com
Espanol@PeachtreeEditorial.com
US: +1-770-631-9073

Made in the USA
Columbia, SC
17 September 2023